Iqra Tabassum
Alim un Nisa
Asad ur Rehman

Triomphe sur le cancer du sein

Iqra Tabassum
Alim un Nisa
Asad ur Rehman

Triomphe sur le cancer du sein

ScienciaScripts

This book is a translation from the original published under ISBN 978-620-5-63878-1.

Publisher:
Sciencia Scripts
is a trademark of
Dodo Books Indian Ocean Ltd. and OmniScriptum S.R.L publishing group

120 High Road, East Finchley, London, N2 9ED, United Kingdom
Str. Armeneasca 28/1, office 1, Chisinau MD-2012, Republic of Moldova, Europe
Printed at: see last page
ISBN: 978-620-7-39450-0

Contenu :

Introduction au cancer du sein

Le cancer :

Le cancer est une maladie dans laquelle certaines cellules du corps se développent de manière incontrôlée et s'étendent à d'autres parties du corps. Le cancer peut se déclarer à peu près n'importe où dans le corps humain, qui est constitué de billions de cellules.

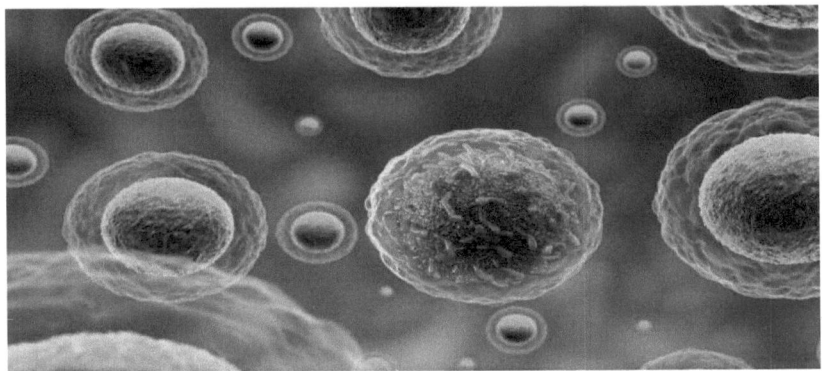

Figure n° 1 : Cette image montre les cellules cancéreuses.

Cancer du sein :

Le cancer du sein est une tumeur maligne qui se développe dans les cellules du sein. Une tumeur maligne est un type de cellules cancéreuses qui peut se développer dans les tissus environnants ou se propager à des zones réservées du corps. Ce type de maladie survient principalement chez les femmes.

Les cancers du sein peuvent survenir à n'importe quel endroit du sein, mais on les trouve principalement dans le quadrant supérieur externe, où se trouvent la plupart des tissus mammaires. Normalement, le cancer du sein se développe dans les cellules des lobules, qui sont les glandes productrices de lait. Plus rarement, le cancer du sein peut se développer dans les tissus stromaux, qui comprennent les tissus conjonctifs graisseux et fibreux du sein.

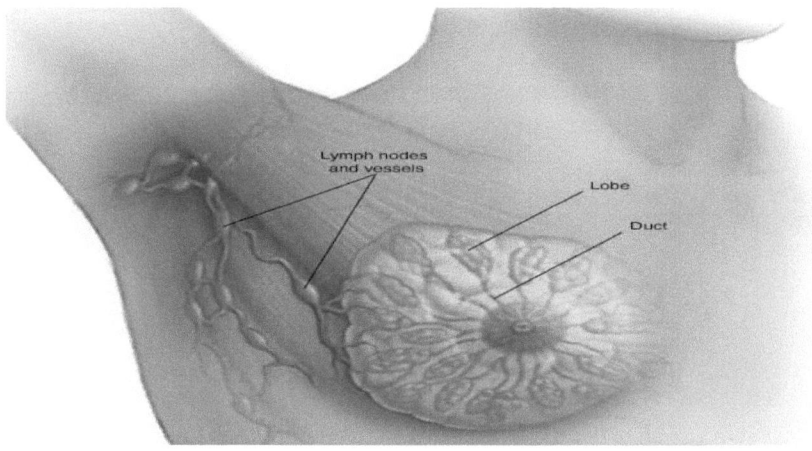

Figure no.2 : Cette image montre le cancer du sein chez les femmes.

Historique du cancer du sein :

En 2020, 2,3 millions de femmes ont été reconnues atteintes d'un cancer du sein et 685 000 en sont mortes dans le monde entier. À la fin de l'année 2020, 7,8 millions de femmes non décédées avaient été diagnostiquées avec un cancer du sein au cours des cinq dernières années, ce qui en fait le cancer le plus répandu dans le monde. Le cancer du sein est diagnostiqué chez une femme sur 22 en milieu urbain et une femme sur 60 en milieu rural. Le cancer du sein est généralement observé dans la tranche d'âge de 25 à 50 ans et est le plus fréquent après 40 ans.

Un rapport du NCRP a calculé approximativement que le nombre de cas de cancer du sein devrait atteindre 15,7 millions d'ici 2025, alors qu'il était de 13,9 millions en 2020 en Inde.

Elizabeth Anne "betty" Ford, première dame et épouse du président Gerald Ford, a été atteinte d'un cancer du sein. Elle sensibilisait au cancer du sein et soutenait l'égalité des droits.

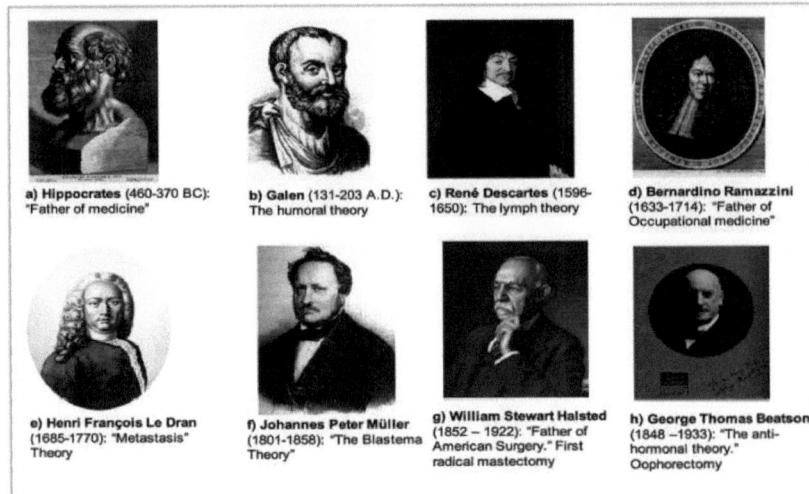

a) Hippocrates (460-370 BC): "Father of medicine"

b) Galen (131-203 A.D.): The humoral theory

c) René Descartes (1596-1650): The lymph theory

d) Bernardino Ramazzini (1633-1714): "Father of Occupational medicine"

e) Henri François Le Dran (1685-1770): "Metastasis" Theory

f) Johannes Peter Müller (1801-1858): "The Blastema Theory"

g) William Stewart Halsted (1852 – 1922): "Father of American Surgery." First radical mastectomy

h) George Thomas Beatson (1848 –1933): "The anti-hormonal theory." Oophorectomy

Figure no.3 : Cette image montre les pionniers du cancer et du cancer du sein.

Anatomie du cancer du sein

La structure du sein :

Les seins sont composés de tissu mammaire (également appelé tissu glandulaire) et de graisse, ainsi que de nerfs, de veines, d'artères et de tissu conjonctif qui aide à maintenir le tout en place.

Le tissu mammaire est un réseau complexe de lobules (petits sacs ronds qui produisent le lait) et de canaux lactifères (canaux qui transportent le lait des lobules vers les ouvertures des mamelons pendant l'allaitement) selon un schéma qui ressemble à celui des grappes de raisin. Ces groupements sont appelés lobes.

Le principal muscle de la poitrine (le muscle pectoral) se trouve entre **le** sein et les côtes dans la paroi thoracique.

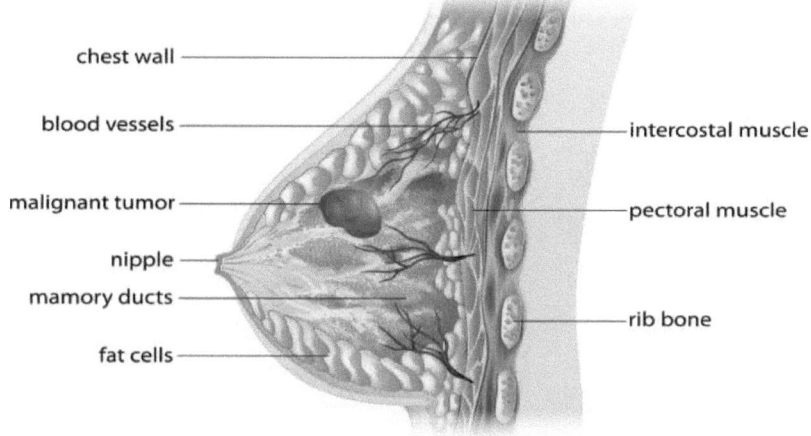

Figure no.4 : Cette image montre l'anatomie du sein.

Composition du cancer du sein :

Les hommes comme les femmes ont des seins, mais les femmes ont un tissu mammaire plus important que les hommes.

Le sein féminin est composé de différents éléments, notamment

1- Les lobules qui sécrètent le lait maternel

2-Les canaux, qui acheminent le lait vers le mamelon

3-Le tissu adipeux et le tissu conjonctif (fibreux), qui englobent les lobules et les canaux.

Tous les seins contiennent des tissus graisseux et fibreux. Les lobules peuvent également être appelés tissus glandulaires. Le tissu mammaire s'étend de la clavicule aux côtes inférieures, au sternum et à l'aisselle.

Les lobes et canaux mammaires :

Chaque sein féminin comporte 15 à 20 lobes, ou parties. Chaque lobe est composé de nombreux petits sacs appelés lobules (glandes à lait). Ce sont ces lobules qui produisent le lait chez les femmes qui allaitent. Les lobes et les lobules sont reliés au mamelon par des tubes appelés canaux, qui amènent le lait au mamelon. Pendant l'allaitement, le lait passe à travers le mamelon jusqu'à la face externe.

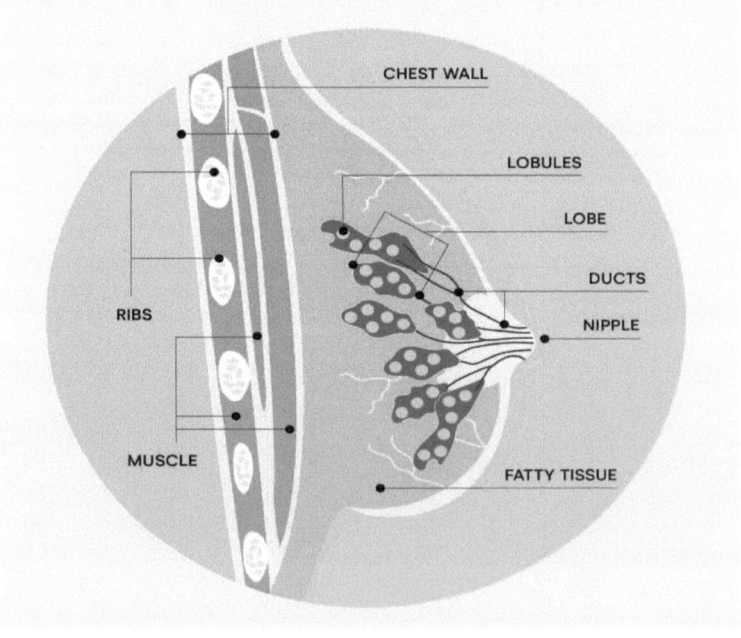

Figure no.5 : Cette image montre les lobes et les canaux du sein.

Ganglions lymphatiques :

Les ganglions lymphatiques, également appelés glandes lymphatiques, sont de petites structures arrondies d'environ 1 mm à 25 mm que l'on trouve dans tout le corps.

Les ganglions lymphatiques font partie du système lymphatique. Le système lymphatique est un élément essentiel du système immunitaire qui protège l'organisme des maladies, des ulcérations et des infections. Il comprend un réseau de tubes fins appelés vaisseaux lymphatiques qui prennent naissance dans tout le corps.

Ces vaisseaux lymphatiques transportent un liquide clair appelé lymphe entre les ganglions lymphatiques. Les ganglions lymphatiques nettoient la lymphe pour éliminer les substances dangereuses pour l'organisme, telles que les bactéries ou les cellules cancéreuses. Cela permet de protéger l'organisme contre les maladies ou les infections. La lymphe retourne ensuite dans le sang.

Les ganglions lymphatiques proches du sein sont ceux de l'aisselle, appelés ganglions axillaires. Les ganglions axillaires drainent la lymphe des tissus voisins, y compris le sein. Il existe également des ganglions lymphatiques sous le sternum (ganglions mammaires internes) et dans le cou (ganglions supraclaviculaires). Le nombre de ganglions lymphatiques varie d'une personne à l'autre. Il y a normalement entre 15 et 30 ganglions lymphatiques dans l'aisselle.

En cas de cancer du sein, les cellules cancéreuses peuvent pénétrer dans les vaisseaux lymphatiques et commencer à se développer dans les ganglions lymphatiques. Les ganglions axillaires sont souvent le premier endroit où le cancer se propage à l'extérieur du sein. Une intervention chirurgicale est souvent pratiquée pour retirer un ou plusieurs ganglions axillaires afin de vérifier si le cancer s'est propagé. La présence d'un cancer dans les ganglions lymphatiques influe sur la stadification et le traitement du cancer du sein.

Changements normaux des seins :

Le sein féminin subit diverses modifications normales au cours de la vie. Les hormones sont principalement responsables de ces changements. Elles peuvent être associées à la grossesse, au cycle menstruel ou au processus normal de vieillissement. La majorité des altérations mammaires ne sont pas cancéreuses. Toutefois, si vous remarquez une modification inhabituelle du sein, il est important que vous consultiez votre médecin afin qu'il l'examine le plus rapidement possible.

Tout au long de la vie, les changements typiques des seins sont les suivants :

- **Altérations des seins liées à la grossesse :**

Pendant la grossesse, les seins vont subir différents changements de composition en vue de l'allaitement après la naissance. L'aréole bordant le mamelon s'agrandit et devient plus foncée. Les lobules (glandes lactifères) du sein augmentent en taille et en nombre. Ils commencent également à produire du lait pour permettre à la mère d'allaiter son enfant.

- **les changements hormonaux ont un impact sur les seins :**

Au cours de la croissance d'une femme, de la pré-puberté à la ménopause, en passant par la puberté et la grossesse, les seins sont affectés par différents types de fluctuations hormonales. Pendant la puberté, les hormones produites par les ovaires (comme les œstrogènes) provoquent la croissance et le développement des seins. Après la puberté, les hormones œstrogènes et progestérone changent au cours du cycle menstruel. Les femmes peuvent ressentir une hypertrophie ou une sensibilité des seins en fonction de la période du mois.

Pendant la grossesse, le corps produit davantage d'œstrogènes et de progestérone, ce qui favorise la croissance et le développement des seins pour préparer la mère à l'allaitement.

Au moment de la ménopause, les ovaires cessent de produire des hormones féminines, dont l'œstrogène. En l'absence d'œstrogènes, le tissu mammaire diminue de volume. Les cycles menstruels cessent pendant la ménopause, ou post-ménopause.

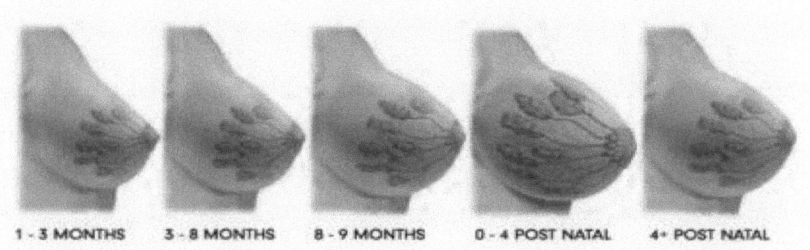

1 - 3 MONTHS   3 - 8 MONTHS   8 - 9 MONTHS   0 - 4 POST NATAL   4+ POST NATAL

Figure no.6 : Cette image montre les changements mammaires pendant la grossesse.

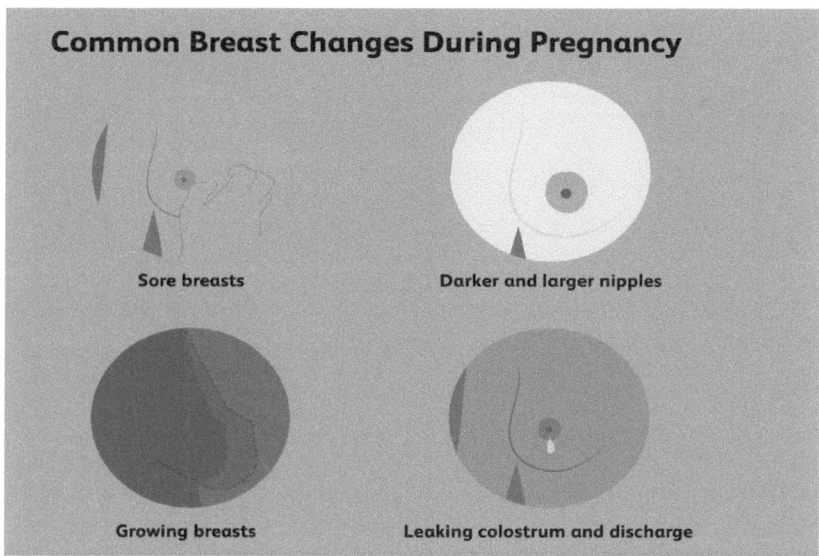

Figure no.7 : Cette image montre les changements mammaires courants pendant la grossesse.

Types de cancer du sein

Types de cancer du sein :

1-Carcinome canalaire in situ (CCIS)   non invasif.

2-Carcinome canalaire   infiltrant.

3-Cancer   du sein inflammatoire.

4-Quelques autres types particuliers.

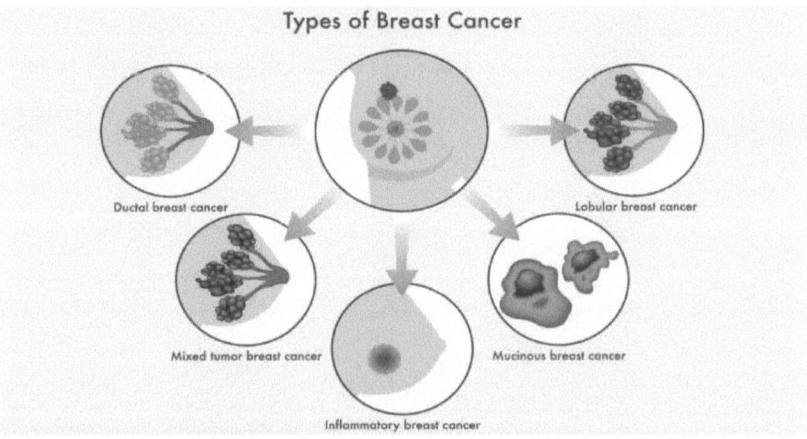

Figure no.8 : Cette image montre les différents types de cancer du sein.

1-Carcinome canalaire in situ (CCIS) non invasif :

Le DCIS est un cancer non invasif dans lequel des cellules anormales sont présentes dans la paroi d'un canal mammaire mais n'ont pas envahi les tissus avoisinants. Le terme "in situ" signifie "à sa place d'origine", ce qui montre que les cellules cancéreuses sont limitées aux canaux et n'ont pas envahi les tissus environnants. Le DCIS est considéré comme un précurseur du cancer du sein invasif.

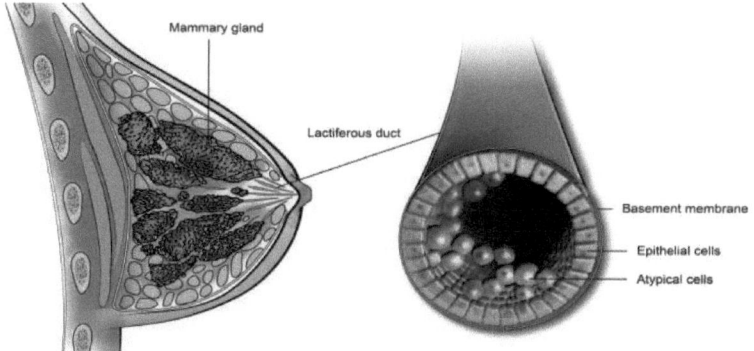

Figure no.9 : Cette image montre le carcinome canalaire in situ.

2-Carcinome canalaire infiltrant :

Le type de cancer du sein le plus répandu est le carcinome canalaire infiltrant (CDI), parfois appelé carcinome canalaire invasif. Le carcinome canalaire infiltrant représente environ 75 % de tous les cas de cancer du sein.

Lorsqu'un cancer est invasif, il s'est propagé à l'ensemble des tissus mammaires. Le cancer canalaire se réfère à un cancer qui commence dans les tubes qui transfèrent le lait des lobules vers le mamelon, connus sous le nom de canaux lactifères. Tout cancer qui commence dans la peau ou dans d'autres tissus recouvrant des organes internes, comme le tissu mammaire, est appelé carcinome. Le carcinome canalaire invasif présente certaines caractéristiques :

> **Origine :**

L'IDC commence dans les canaux lactifères du sein, qui sont les tubes qui transportent le lait des lobules, où il est fabriqué, jusqu'au mamelon.

> **Invasivité :**
> Comme son nom l'indique, le carcinome canalaire invasif se caractérise par sa capacité à traverser la paroi du canal et à envahir les tissus les plus proches du sein.
> **Caractéristiques histologiques :**

11

Examen pathologique : Le diagnostic est généralement confirmé par une biopsie, qui consiste à prélever un petit échantillon de tissu et à l'examiner au microscope.

Notation :

Le CID est souvent classé en fonction de l'aspect anormal des cellules et de la rapidité de leur division. Ce classement permet de déterminer l'agressivité du cancer.

> **Sous-types moléculaires :**

Statut des récepteurs hormonaux : Les tumeurs IDC peuvent exprimer des récepteurs hormonaux tels que les récepteurs d'œstrogènes et de progestérone, ce qui les rend sensibles aux thérapies à base d'hormones.

Statut HER2 : Certains CID peuvent surexprimer le gène HER2/neu, ce qui les rend sensibles aux thérapies ciblées comme l'Herceptin.

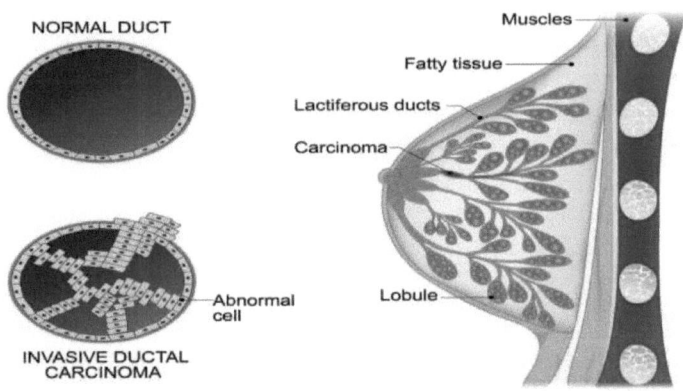

Figure no.10 : Cette image montre un carcinome canalaire invasif.

3-Cancer du sein inflammatoire :

Le cancer du sein inflammatoire (CSI) est un type de cancer du sein peu fréquent et hostile qui se caractérise par l'apparition rapide de symptômes.

Contrairement aux autres types de cancer du sein, le CSI ne se présente souvent pas sous la forme d'une masse ou d'une grosseur proéminente, ce qui peut rendre son diagnostic difficile. Au lieu de cela, il se manifeste généralement par une rougeur, un gonflement et une chaleur dans le sein. Le sein atteint peut également sembler plus gros, être lourd et présenter un aspect piqué ou bosselé, semblable à la peau d'une orange.

Voici quelques caractéristiques et détails clés sur le cancer inflammatoire du sein :

> **Symptômes :**

Apparition rapide : le GBI a tendance à se développer rapidement, les symptômes apparaissant sur une courte période, parfois en l'espace de quelques semaines.

Changements au niveau des seins : La rougeur, le gonflement et la chaleur des seins sont fréquents. La peau peut paraître rouge-violette et avoir un aspect texturé ou strié.

Peau d'Orange : La peau peut ressembler à l'écorce d'une orange en raison de sa texture capitonnée.

Douleur : le sein peut être sensible ou douloureux.

Diagnostic :

Examen clinique : Le diagnostic commence souvent par un examen physique effectué par un professionnel de la santé qui peut remarquer des changements caractéristiques dans les seins.

Biopsie : une biopsie est nécessaire pour confirmer le diagnostic. Un petit échantillon de tissu est prélevé sur la zone affectée et examiné au microscope pour identifier les cellules cancéreuses.

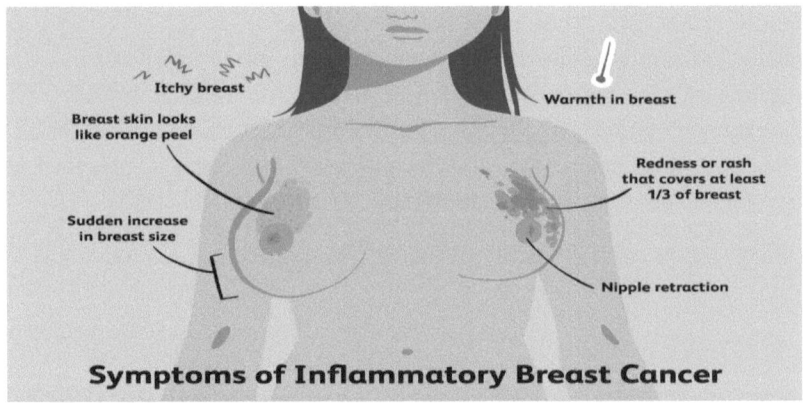

Figure no.11 : Cette image montre le cancer inflammatoire du sein.

4-Autres types spécifiques de cancer du sein :

Carcinome lobulaire invasif (ILC) :

Les ILC se développent dans les lobules du sein, qui produisent le lait, et se propagent généralement aux tissus environnants. Le type spécifique de cancer du sein qui se développe dans les lobules du sein est appelé carcinome lobulaire invasif (CLI). Les glandes qui produisent le lait sont appelées lobules et le carcinome lobulaire invasif représente environ 10 à 15 % de toutes les tumeurs malignes invasives du sein.

- **Symptômes :**

À son stade initial, le carcinome lobulaire invasif peut ne présenter aucun signe ou symptôme. Lorsque le carcinome lobulaire invasif se développe, il peut entraîner.. :

- o Épaississement d'une partie du sein
- o Une nouvelle zone de plénitude ou de gonflement dans le sein
- o Une modification de la texture ou de l'aspect de la peau au-dessus du sein, telle qu'une fossette ou un épaississement.
- o Un nouveau mamelon inversé
- o Le carcinome lobulaire invasif est moins susceptible que d'autres types de cancer du sein de provoquer une grosseur forte ou spécifique.

- **Origine et croissance :**

  L'ILC commence dans les lobules du sein, les structures qui produisent le lait. Il est dit "invasif" parce que les cellules cancéreuses ont la capacité de s'infiltrer dans le sein.

  Potentiel d'envahissement des tissus voisins et de propagation à d'autres parties du corps.

Contrairement au carcinome canalaire invasif (CDI), qui est le type de cancer du sein le plus courant, le CDI ne forme souvent pas de masse spécifique. Au contraire, il a tendance à se répandre de manière plus diffuse dans le tissu mammaire.

- **Caractéristiques des cellules :**

Les cellules cancéreuses de l'ILC se caractérisent par une perte de la protéine d'adhésion E-cadhérine. Cette perte d'adhésion confère aux cellules la capacité de se propager et d'envahir les tissus les plus proches.

Les cellules ILC peuvent apparaître en file indienne et sans la cohésion observée dans d'autres types de cancer du sein.

- **Diagnostic :**

Le diagnostic est généralement établi par la combinaison d'examens d'imagerie, tels que les mammographies, les échographies et les IRM, ainsi que par une biopsie visant à examiner et à reconnaître le tissu mammaire et à confirmer la présence de cellules cancéreuses.

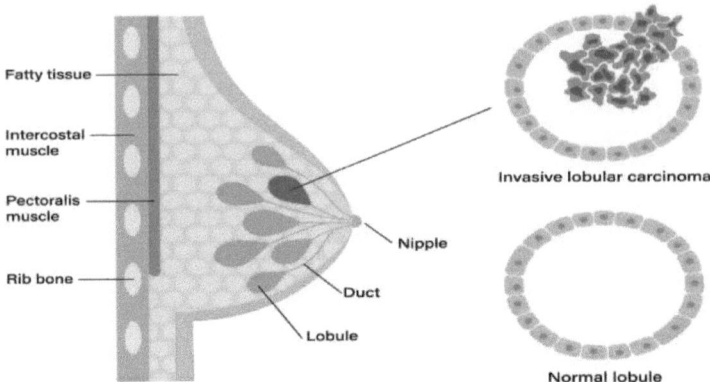

INVASIVE LOBULAR CARCINOMA

Fatty tissue

Intercostal muscle

Pectoralis muscle

Rib bone

Nipple

Duct

Lobule

Invasive lobular carcinoma

Normal lobule

Figure no.12 : Cette image montre le carcinome lobulaire invasif.

> **Cancer du sein triple négatif :**

Le TNBC se caractérise par l'absence de récepteurs d'œstrogènes, de récepteurs de progestérone et de récepteurs HER2/neu. Ce type de cancer est souvent plus hostile et peut être difficile à traiter. Le cancer du sein triple négatif (CSTN) est une forme rare de cancer du sein invasif. Il représente 15 % de tous les cas de cancer du sein invasif. Contrairement à la plupart des cancers du sein, les cellules du cancer du sein triple négatif ne présentent pas les caractéristiques suivantes :

- **Récepteurs d'œstrogènes et de progestérone :** Les hormones œstrogènes et progestérone ont des récepteurs dans environ deux tiers des cas de cancer du sein. Les récepteurs sont des molécules situées à la surface des cellules qui reconnaissent les substances qui peuvent s'y fixer et leurs effets sur les cellules. Les cellules du cancer du sein triple négatif ne possèdent pas ce type de récepteurs.
- **Les récepteurs HER2 :** 15 à 20 % des cas de cancer du sein sont causés par des cellules HER2-positives. Un cancer du sein HER2-positif dépend de la voie HER2 pour se diviser et se développer rapidement. Ce gène produit la protéine HER2, qui est également un récepteur spécifique. Les cellules du cancer du sein triple négatif ne possèdent pas de récepteurs HER2.

- **Symptômes :**

Les symptômes du cancer du sein triple négatif sont les mêmes que ceux des autres cancers du sein les plus courants. Les symptômes du cancer du sein triple négatif peuvent inclure

- o Une nouvelle masse ou grosseur.
- o Gonflement de toutes les parties du sein.
- o Peau à fossettes.
- o Douleur et irritation des seins ou des mamelons.
- o Rétraction du mamelon, lorsque le mamelon se rétracte vers l'intérieur.
- o Peau du mamelon ou du sein rugueuse, écaillée, épaissie ou rouge.
- o Écoulement du mamelon qui n'est pas du lait maternel.
- o Gonflement des ganglions lymphatiques. Ces symptômes surviennent lorsque le cancer du sein se propage aux ganglions lymphatiques situés sous le bras ou près de la clavicule.

N'oubliez pas que de nombreux symptômes du cancer du sein sont similaires à ceux d'autres affections plus graves lorsque vous examinez votre situation. Cela signifie que le fait de présenter certains symptômes ne signifie pas nécessairement que vous avez un cancer du sein.

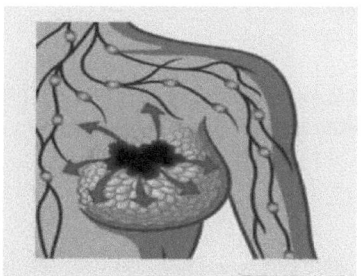

Cancer du sein triple négatif

➤ Cancer du sein HER2-Positif :

Ce type de cancer du sein se caractérise par la surexpression du gène HER2/neu. Il peut être rare et hostile, mais les thérapies ciblées telles que le trastuzumab (Herceptin) sont très efficaces pour le traiter. Le cancer du sein considéré comme HER2-positif a tendance à se développer plus rapidement, à se propager (cancer du sein métastatique) et à réapparaître.

 Bien que le cancer HER2-positif puisse être agressif, il répond mieux au traitement du cancer du sein qui cible les protéines HER2. Il n'y a pas de symptômes inhabituels ou de facteurs de risque de cancer du sein associés au cancer du sein HER2-positif, même si certaines études suggèrent que le statut HER2-positif est plus fréquent chez les jeunes femmes.

Symptômes du cancer du sein HER2 positif :

Le cancer du sein HER-positif ne présente pas de symptômes particuliers. Les indications courantes de ce type de cancer du sein coïncident avec les symptômes habituels du sein et peuvent être détectées par une mammographie lors d'un dépistage de routine du cancer du sein :

- o Changements dans la forme des seins
- o Masse ou découverte suspecte lors d'une mammographie
- o Grosseur au sein
- o Douleur au niveau des seins ou des mamelons
- o Écoulement du mamelon
- o Inversion du mamelon Gonflement du sein
- o Épaississement de la peau du mamelon
- o Creusement de la poitrine

Le cancer du sein HER2-positif est défini par la présence d'un excès de protéines HER2, qui doivent être testées et ne peuvent être identifiées par les symptômes.

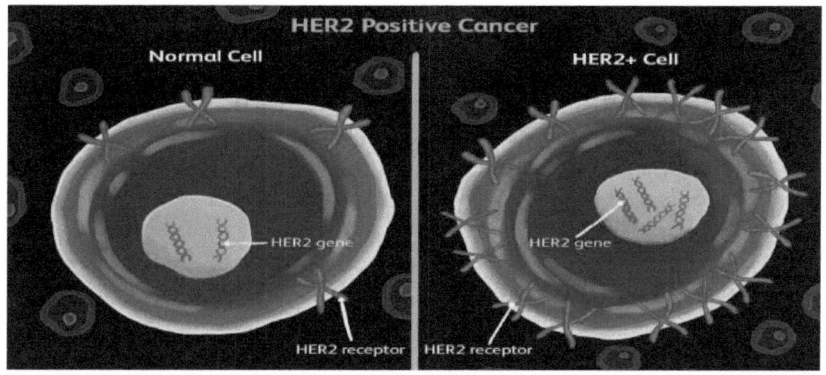

Figure no.13 : Cette image montre les cellules cancéreuses HER2 positives.

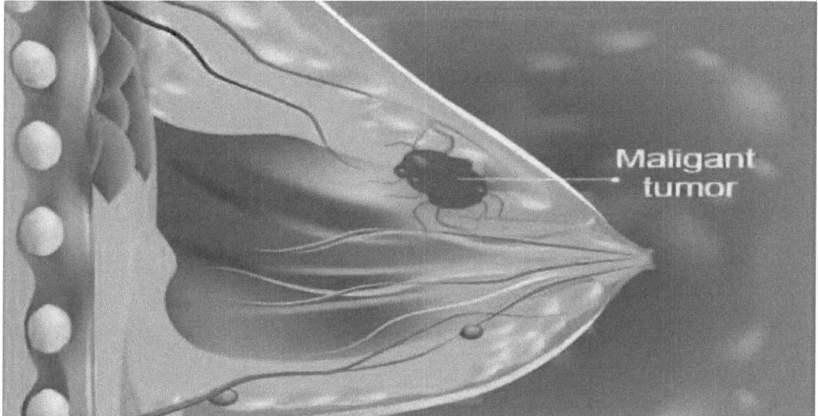

Figure no.14 : Cette image montre un cancer du sein HER2 positif.

➢ **Cancer du sein métastatique :**

Le cancer du sein métastatique, également connu sous le nom de cancer du sein de stade IV, survient lorsque le cancer du sein se propage à une autre partie du corps, comme les os, les poumons, le cerveau ou, éventuellement, le foie. Ce type de processus, appelé métastase, se produit lorsque les cellules cancéreuses se séparent de la tumeur mammaire d'origine et se déplacent le long de la circulation sanguine ou du système lymphatique.

La récurrence du cancer du sein dans des parties spécifiques du corps, des mois ou des années après le diagnostic initial et le traitement, est appelée récurrence métastatique ou à distance. Environ 30 % des femmes ayant reçu un diagnostic initial de cancer du sein au stade précoce développent une maladie métastatique. Bien que les cas de cancer du sein chez l'homme soient plus rares et plus agressifs, les hommes peuvent également être atteints d'un cancer du sein métastatique.

Lorsque le cancer du sein est initialement reconnu à l'état métastatique, on parle alors de cancer du sein métastatique de novo, ce qui indique qu'il s'est déjà propagé à d'autres parties du corps au moment du diagnostic.

Le cancer du sein métastatique distingue les cellules de la tumeur mammaire d'origine. Par conséquent, si le cancer du sein se propage à l'os, la tumeur qui en résulte dans l'os contient les cellules du cancer du sein et non celles du cancer de l'os.

Recevoir un diagnostic de cancer du sein métastatique peut susciter toute une gamme d'émotions, notamment la colère, la peur, le stress, l'anxiété ou la tristesse. Les personnes peuvent remettre en question les traitements antérieurs et se préoccuper principalement des prestataires de soins de santé, ou faire l'expérience d'une variété de mécanismes d'adaptation. Les individus doivent donner la priorité à ce qui leur semble le plus juste.

Symptômes :

Les symptômes du cancer du sein métastatique peuvent varier en fonction de la localisation du cancer :

- o Douleur persistante au niveau du dos, des os ou des articulations
- o Difficultés à uriner
- o Engourdissement ou faiblesse
- o Une toux sèche chronique
- o Difficultés respiratoires
- o Douleur thoracique
- o Perte d'appétit
- o Malaise abdominal ou nausées persistantes
- o Jaunisse (teinte jaune de la peau et du blanc des yeux)
- o Maux de tête sévères
- o Problèmes de vision (vision floue, vision double, perte de vision)

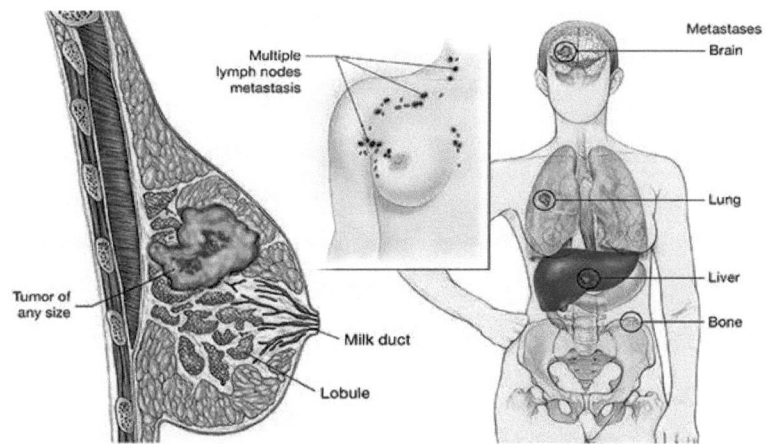

Figure no.13 : Cette image montre un cancer du sein métastatique.

Stades du cancer du sein

Il existe cinq stades de cancer du sein, allant de zéro à quatre (indiqués par les chiffres romains I, II, III et IV). (Ils sont indiqués par les chiffres romains I, II, III et IV.) Il existe plusieurs variables entre certains stades.

Les tumeurs sont estimées en millimètres et en centimètres (dix millimètres équivalent à un centimètre). Par conséquent, nous mesurons les tumeurs en millimètres.

Cancer du sein au stade 0 :

Le stade 0 du cancer du sein est le stade initial, évoluant vers des cancers non invasifs ou des pré-cancers tels que le carcinome canalaire in situ (CCIS). À ce stade, les cellules cancéreuses n'envahissent pas les tissus normaux avoisinants.

Cancer du sein au stade I :

Le stade I est caractérisé par un cancer invasif très précoce, où les cellules tumorales se sont propagées au tissu mammaire le plus proche, mais sont encore réservées à une petite zone. Il est divisé en deux sous-catégories :

- Stade IA
- Stade IB

Stade IA : Tumeur estimée jusqu'à 20 millimètres sans cancer dans les ganglions lymphatiques.

Stade IB : soit une petite tumeur (jusqu'à 20 millimètres) avec de petits groupes de cellules cancéreuses dans les ganglions lymphatiques, soit pas de tumeur dans le sein mais de petits groupes de cellules cancéreuses dans les ganglions lymphatiques.

Cancer du sein au stade II :

Le stade II correspond à un cancer qui s'est développé dans une zone limitée du sein. Il est divisé en plusieurs stades :

- Stade IIA
- Phase IIB

Stade IIA : Pas de tumeur dans le sein ou tumeur jusqu'à 20 millimètres avec propagation du cancer aux ganglions lymphatiques environnants, ou tumeur de 20 à 50 millimètres dans le sein sans atteinte des ganglions lymphatiques.

Étape IIB :

Une tumeur de 20 à 50 millimètres avec propagation du cancer à un à trois ganglions lymphatiques les plus proches ou une tumeur de plus de 50 millimètres sans atteinte des ganglions lymphatiques.

Cancer du sein au stade III :

Le stade III se caractérise par une propagation dans le sein ou une tumeur de plus grande taille. Les sous-catégories comprennent :

- Stade IIIA
- Stade IIIB
- Stade IIIC

Stade IIIA :

Cancer dans quatre à neuf ganglions lymphatiques proches ou tumeur mammaire plus importante avec propagation du cancer à un à trois ganglions lymphatiques proches.

Stade IIIB :

La tumeur s'est propagée à la paroi thoracique, à la peau ou à neuf ganglions lymphatiques de l'aisselle.

Stade IIIC :

Présence d'un cancer dans de nombreuses aires ganglionnaires ou atteinte de la peau.

Cancer du sein au stade IV :

Le stade IV est le plus avancé, lorsque le cancer s'est propagé à d'autres parties du corps que le sein, notamment à des organes tels que les poumons, le foie, le cerveau ou les os. Il peut s'agir d'un diagnostic précoce à ce stade ou d'une récidive d'un cancer du sein déjà diagnostiqué.

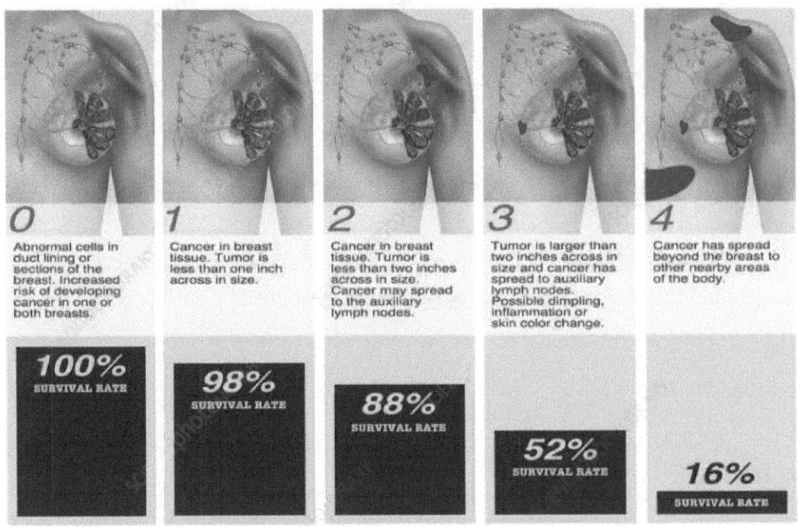

Figure no.14 : Cette image montre les stades du cancer du sein.

Facteurs de risque du cancer du sein

Un facteur de risque est un facteur qui augmente la probabilité de développer un cancer, mais la plupart d'entre eux ne le provoquent pas directement. Si certaines personnes présentant divers facteurs de risque n'ont certainement pas de cancer, d'autres n'en ont aucun. La compréhension de ces facteurs peut nous aider à faire des choix en matière de mode de vie et de soins de santé. Les facteurs de risque influencent également le cancer du sein, principalement chez les femmes, et se développent rapidement.

Le cancer du sein se divise en deux catégories : les cancers sporadiques et les cancers héréditaires. Les cas sporadiques sont dus à des lésions génétiques fortuites survenues après la naissance et n'entraînent pas de risque héréditaire. Les cas héréditaires résultent de mutations génétiques transmises dans les familles, telles que les mutations BRCA1, BRCA2 et PALB2, qui peuvent entraîner une croissance et un développement incontrôlés des cellules. Ces deux catégories augmentent la croissance rapide des cellules cancéreuses du sein.

De nombreux facteurs de risque exercent une influence sur le risque de cancer du sein, notamment l'âge, les antécédents personnels et familiaux (antécédents personnels et familiaux), la prédisposition génétique et les choix de mode de vie tels que le poids, l'activité physique, la consommation d'alcool et le traitement hormonal substitutif. En outre, de nombreuses situations médicales et expositions environnementales peuvent également accroître le risque. Ces facteurs de risque sont également contrôlés par de nombreuses préventions et traitements visant à contrôler ou à éradiquer la racine de ce type de cancer.

Vous trouverez ci-dessous les facteurs de risque du cancer du sein :

- L'âge
- Antécédents personnels de cancer du sein
- Antécédents familiaux de cancer du sein
- Risque héréditaire/prédisposition génétique
- Antécédents personnels de cancer de l'ovaire
- Menstruation précoce et ménopause tardive

- Moment de la grossesse
- Remplacement hormonal
- Contraceptifs oraux ou pilules contraceptives
- Densité du sein
- Hyperplasie atypique du sein
- Facteurs liés au mode de vie
- Facteurs socio-économiques

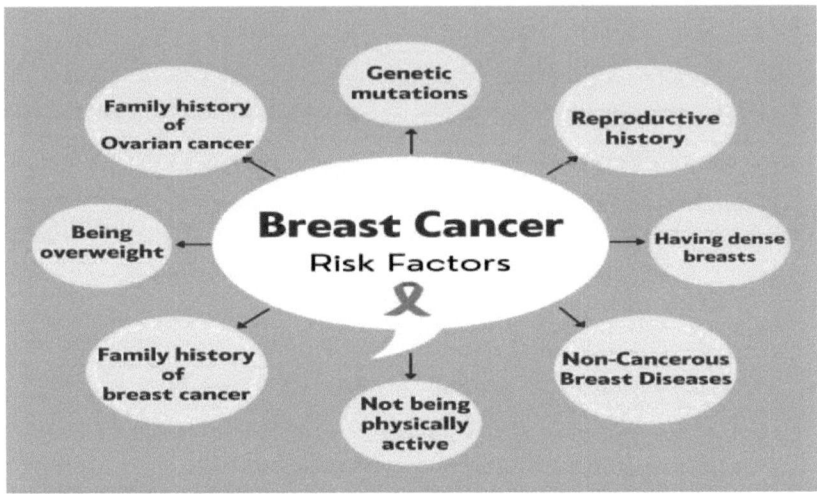

Figure no.15 : Cette image montre les facteurs de risque du cancer du sein.

L'âge :

Le risque de développer un cancer du sein augmente principalement avec l'âge. La plupart des cancers se développent après 50 ans. L'âge médian pour développer un cancer du sein est d'environ 63 ans. L'âge est le principal facteur de risque qui exerce une grande influence sur le cancer du sein et augmente le risque de cancer.

Antécédents personnels de cancer du sein : Les antécédents personnels de cancer du sein augmentent également le risque de développer cette maladie chez une autre personne. Une femme qui a eu un cancer du sein dans un de ses deux seins a un risque plus élevé de développer et de faire croître un nouveau cancer dans le sein opposé. Le cancer se développe donc dans les deux seins si la femme a des antécédents personnels de cancer du sein.

Cancer du sein dans les antécédents familiaux :

Le cancer du sein peut se déplacer dans la famille dans toutes ces situations :

- o Une ou plusieurs femmes sont diagnostiquées et examinées pour un cancer du sein à l'âge de 45 ans ou à un âge plus jeune.
- o Une ou plusieurs femmes sont diagnostiquées et examinées pour un cancer du sein avant ou avant l'âge de 50 ans, avec des antécédents familiaux de cancer, tels que le cancer de l'ovaire, le cancer de la prostate avec métastases et le cancer du pancréas.
- o Il y a des cancers du sein et/ou de l'ovaire dans plusieurs générations d'un côté de la famille, par exemple une grand-mère et une tante du côté paternel de la famille qui ont toutes deux été diagnostiquées et examinées pour l'un de ces types de cancer.
- o Une femme de la famille est examinée pour un second cancer du sein dans le même ou l'autre sein ou pour un cancer du sein et de l'ovaire.
- o Un cancer du sein chez l'homme est diagnostiqué chez un parent
- o Posséder une ascendance juive ashkénaze

Il est essentiel de parler à votre médecin de famille si votre famille a connu l'une des conditions susmentionnées. Il pourrait s'agir de symptômes indiquant que votre famille est porteuse d'une mutation génétique héréditaire du cancer du sein, telle que BRCA1, BRCA2 ou PALB2.

Lorsque l'on étudie les antécédents familiaux, il est également important de s'intéresser au côté paternel de la famille. Le côté paternel est tout aussi important que le côté maternel pour diagnostiquer et déterminer votre risque personnel de développer et d'aggraver un cancer du sein.

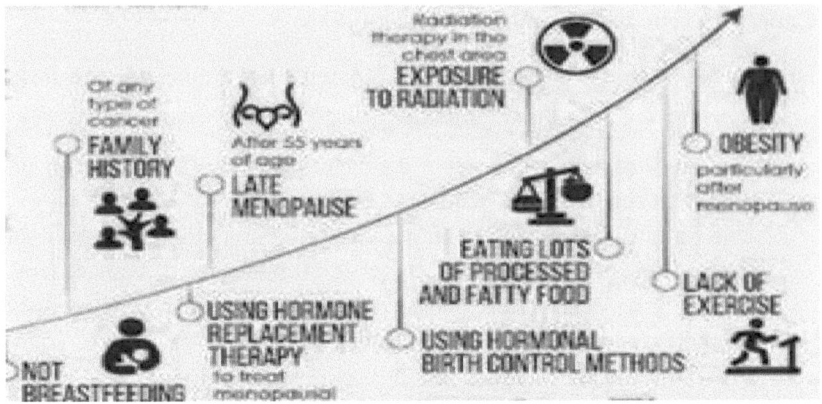

Figure no.15 : Cette image montre les facteurs de risque.

Susceptibilité héréditaire/hérédité génétique :

Plusieurs mutations génétiques héréditaires sont associées à un risque accru de cancer du sein et de nombreux autres types de cancer. BRCA1 ou BRCA2 sont les gènes connus les plus courants et les plus inhabituels liés au cancer du sein. Les mutations dans ces types de gènes sont associées à un risque accru de cancer du sein et de l'ovaire, ainsi que d'autres types de cancer. Le cancer du sein chez l'homme ainsi que le risque de cancer de la prostate et d'autres types de cancer augmentent également en cas de mutation de l'un de ces gènes.

Le risque de cancer du sein peut également être accru par d'autres anomalies génétiques ou troubles héréditaires. Par rapport à BRA1 ou BRA2, ils sont beaucoup moins fréquents et n'augmentent pas de manière significative le risque de cancer du sein. Voici quelques-uns de ces gènes et syndromes :

o Syndrome de Lynch, lié aux gènes MLH1, MSH2, MSH6 et PMS2
o Syndrome de Cowden (CS), lié au gène PTEN
o Le syndrome de Li-Fraumeni (LFS), lié au gène TP53
o Syndrome de Peutz-Jeghers (PJS), lié au gène STK11
o Cancer gastrique diffus héréditaire, lié au gène CDH1
o Gène PALB2
o Gène CHEK2

D'autres gènes peuvent potentiellement augmenter le risque de développer un cancer du sein. Pour comprendre comment ils augmentent le risque d'une personne, des recherches supplémentaires sont nécessaires. On peut hériter d'une mutation génétique, par exemple, et ne pas avoir de cancer du sein. La recherche d'autres gènes susceptibles d'influencer le risque de cancer du sein se poursuit également. Il est possible d'effectuer des tests génétiques en utilisant des analyses de sang ou de salive pour vérifier les mutations connues des gènes BRCA1 et BRCA2 ainsi que d'autres gènes liés à des troubles héréditaires. Demandez à votre médecin si vous devriez subir un test génétique.

Un test que votre médecin pourrait vous suggérer est un "test de groupe". Un tel test recherche simultanément des mutations dans de nombreux gènes. Votre médecin peut vous proposer un nombre quelconque de tests. Ces tests ne sont pas conseillés à tout le monde et il est conseillé aux personnes de bénéficier d'un conseil génétique approprié avant le test afin de s'assurer que le test adéquat est effectué et qu'elles sont informées des résultats du test.

Il existe des tests qu'une personne peut demander directement à une société de tests et qui ne nécessitent pas d'ordonnance médicale. Ces tests sont généralement effectués à l'aide d'un kit envoyé par la poste. Si vous décidez de faire réaliser l'un de ces tests, vous devez d'abord en discuter avec votre médecin, car certains tests n'évaluent qu'un nombre limité de gènes. Cela signifie qu'ils peuvent fournir des informations incomplètes et que vous pourriez avoir besoin d'un autre test pour vérifier tous les gènes qui pourraient être importants pour vous en fonction de vos antécédents familiaux. En outre, il se peut que vous ayez besoin de répéter le test pour confirmer que les résultats sont corrects. En savoir plus sur les principes de base des tests génétiques pour le risque de cancer.

Certaines mesures peuvent être prises pour réduire le risque de développer un cancer du sein ou de l'ovaire si l'on découvre que l'on est porteur d'une mutation génétique. Elles pourraient exiger un calendrier de dépistage du cancer du sein différent de celui du grand public, avec davantage de tests ou une date de début plus précoce. En outre, ils pourraient exiger d'autres procédures de dépistage pour d'autres maladies, comme une coloscopie effectuée à un âge plus précoce pour identifier le cancer colorectal.

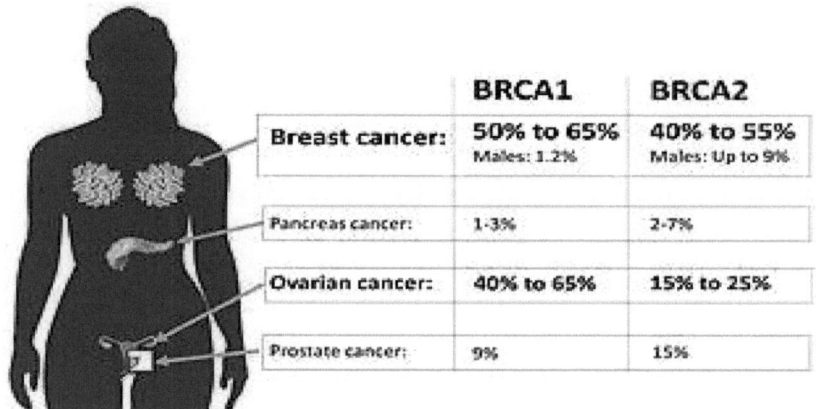

	BRCA1	BRCA2
Breast cancer:	50% to 65% Males: 1.2%	40% to 55% Males: Up to 9%
Pancreas cancer:	1-3%	2-7%
Ovarian cancer:	40% to 65%	15% to 25%
Prostate cancer:	9%	15%

Figure no.16 : Cette image montre la mutation BRCA.

Antécédents de cancer de l'ovaire de l'individu :

La présence de mutations dans des gènes tels que BRCA1 et BRCA2 augmente considérablement les risques de développer un cancer de l'ovaire ou du sein. Ainsi, si un cancer de l'ovaire héréditaire est diagnostiqué chez une personne en raison d'une mutation du gène BRCA, le risque de cancer du sein augmente également. De même, les mutations des gènes PALB2, RAD51C et RAD51D sont liées à un risque accru de cancer de l'ovaire et du sein. À l'inverse, les femmes atteintes d'un cancer du sein qui n'ont pas hérité de mutations dans ces gènes ne sont généralement pas confrontées à un risque accru de cancer de l'ovaire.

Ménopause tardive avec menstruations précoces :

Un risque accru de cancer du sein est lié à une apparition précoce des règles (avant 11 ou 12 ans) ou à une apparition tardive de la ménopause (après 55 ans). Le risque de cancer du sein est donc plus élevé chez les femmes. Ce risque plus élevé est dû à la plus longue douche des cellules mammaires aux œstrogènes et à la progestérone, hormones responsables de la stimulation des caractères sexuels secondaires tels que la croissance des seins et la grossesse. La production de ces hormones diminue lorsque l'âge augmente. De plus, un risque accru de ces hormones augmente directement le risque de développer un cancer du sein, ce qui est très dangereux pour les femmes.

Quand tomber enceinte ?

Le fait de retarder la première grossesse jusqu'à l'âge de 35 ans ou de ne jamais mener une grossesse à terme augmente le risque de cancer du sein. On pense que la grossesse offre une protection contre le cancer du sein parce qu'elle déclenche la dernière étape de la maturation des cellules mammaires.

Traitement hormonal substitutif après la ménopause :

L'utilisation d'une thérapie hormonale comprenant à la fois des œstrogènes et des progestatifs après la ménopause, normalement appelée thérapie hormonale de remplacement. Ce type de thérapie a augmenté le risque de cancer du sein chez les femmes il y a plus de 5 ans. Il y a eu une diminution des cas de cancers du sein nouvellement diagnostiqués en raison de la diminution de l'utilisation de l'hormonothérapie post-ménopausique. La plupart des femmes sont confrontées à ce type de probabilité après cette thérapie.

Contraceptifs oraux ou pilules contraceptives :

Certaines études recommandent que les contraceptifs oraux utilisés pour prévenir la grossesse augmentent légèrement le risque de développer ou d'aggraver un cancer du sein. Par ailleurs, d'autres études montrent qu'il n'y a pas de lien entre l'utilisation de contraceptifs oraux et le développement d'un cancer du sein.

Un cas inhabituel d'hyperplasie mammaire :

Elle se caractérise par la présence de cellules anormales, mais non cancéreuses, dans une biopsie du sein. Ainsi, l'hyperplasie atypique du sein augmente le risque de cancer du sein chez les femmes.

Densité du sein :

Si vous avez un tissu mammaire dense, cela signifie généralement que vous avez plus de glandes lactifères, de canaux lactifères et de tissus de soutien dans le sein que de tissu graisseux. Le tissu mammaire dense est une mesure utilisée pour expliquer les images des mammographies par rapport à la sensation du sein. La densité mammaire est principalement à l'origine du cancer du sein et augmente le risque de ce type de cancer chez les femmes. La densité mammaire diminue normalement avec l'âge. Toutefois, un tissu mammaire dense peut rendre plus difficile la détection d'une tumeur lors d'examens d'imagerie standard comme la mammographie. Des études récentes montrent que les résultats des mammographies fournissent des informations sur la densité mammaire et les risques de cancer du sein. En outre, il n'existe pas de directives de dépistage particulières pour les personnes ayant des seins denses. Seules des mesures préventives peuvent réduire le risque de cancer du sein.

Facteurs liés au mode de vie :

De nombreux facteurs liés au mode de vie augmentent le risque de cancer du sein chez les femmes.

1. Poids :

Le facteur poids contribue à augmenter le risque de cancer du sein. Le surpoids et la post-ménopause augmentent le risque de développer un cancer du sein. Des études récentes montrent que le poids fait également partie des facteurs qui favorisent le cancer du sein chez les femmes.

2. Activité physique :

La pratique régulière d'activités physiques diminue le risque de cancer du sein. En général, la faiblesse de ces activités augmente le risque de cancer du sein.

3. L'alcool :

La consommation d'alcool est associée à un risque plus élevé de cancer du sein ; il faut donc éviter de consommer des boissons alcoolisées telles que le vin, la bière, etc. Il existe de nombreuses mesures préventives pour éviter la consommation d'alcool et réduire le risque de cancer du sein. Des études récentes montrent que ce facteur est principalement associé au développement du risque de cancer du sein.

4. L'alimentation :

Les aliments riches en protéines et en de nombreux autres éléments essentiels à la vie sont bons pour la santé. Ces aliments sont meilleurs pour la santé et la vie. Ces types d'aliments contribuent à réduire ou à minimiser le risque de cancer du sein. Il faut également augmenter la consommation d'aliments riches en fruits, en viandes et en légumes, afin de minimiser le risque en moins grande quantité.

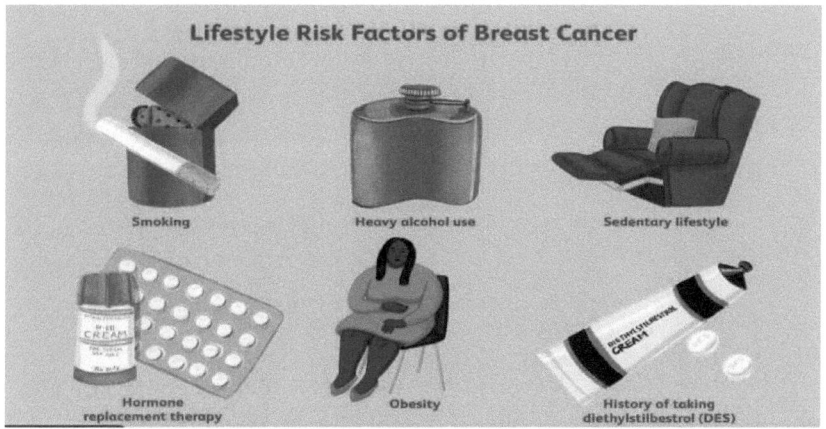

Figure no.17 : Cette image montre les facteurs de risque liés au mode de vie.

Facteurs socio-économiques :

Toutes les femmes aisées, quel que soit leur passé racial et ethnique, courent un risque plus élevé de cancer du sein que les femmes moins aisées appartenant aux mêmes groupes. Ces distinctions peuvent résulter de différences dans les habitudes alimentaires, de facteurs liés à la grossesse tels que l'âge de la première grossesse et le nombre de grossesses, ainsi que de nombreux autres facteurs de risque. Les femmes ayant un passé pénible sont plus susceptibles d'être diagnostiquées à un stade avancé et d'avoir un taux de survie plus faible que leurs homologues plus aisées. Ce phénomène est principalement influencé par divers facteurs, notamment les choix de mode de vie, d'autres problèmes de santé comme l'obésité et la biologie de la tumeur. Ces facteurs pourraient donc accroître le risque de cancer du sein, principalement chez les femmes aisées.

Exposition aux radiations à un jeune âge :

Les radiations ionisantes sont très dangereuses pour la santé. La plupart du temps, ces radiations provoquent le cancer de la peau ainsi que le cancer du sein lorsque le corps est exposé à ces radiations. Les radiations ionisantes augmentent le risque de développement et d'évolution du cancer du sein chez les femmes.

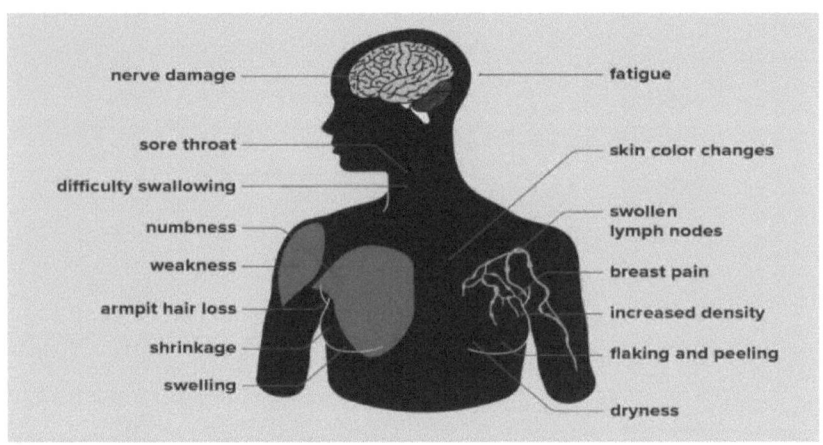

Figure no.18 : Cette image montre l'effet des radiations.

Principaux symptômes du cancer du sein

Le cancer du sein n'est pas vécu de la même manière par toutes les personnes. Certaines personnes ne présentent aucun symptôme ni indicateur.

Parmi les indicateurs précoces du cancer du sein, on peut citer

- Des bosses fraîches au niveau du sein ou de l'aisselle.
- Épaississement ou élargissement du tissu mammaire cancéreux.
- Éruptions cutanées ou fossettes sur les seins.
- Rougeur ou sécheresse de la peau autour des seins ou des mamelons.
- Tiraillement ou douleur dans la région du mamelon.
- Écoulement du sein qui n'est pas du lait maternel, comme du sang.
- Toute modification de la taille ou de la forme du sein.
- Gêne dans n'importe quelle partie du sein.

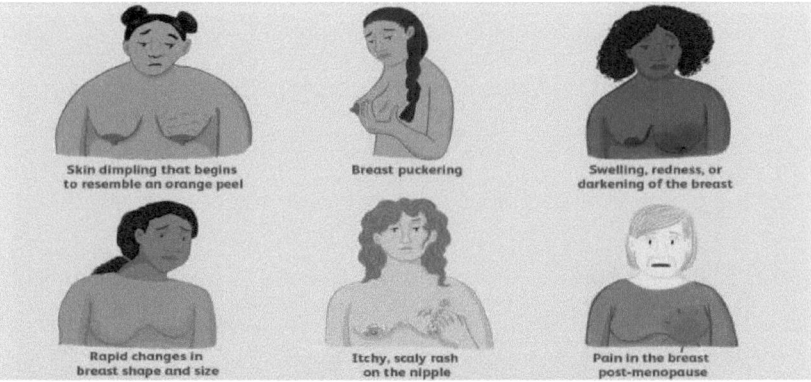

Figure no.18 : Cette image montre les principaux symptômes du cancer du sein.

Traitement du cancer du sein

Le cancer du sein est traité de différentes manières. Cela dépend du type de cancer du sein et de son degré de propagation. Les personnes atteintes d'un cancer du sein reçoivent souvent plus d'un type de traitement.

Voici les différents traitements du cancer du sein :

- ➢ Chirurgie
- ➢ Chimiothérapie
- ➢ Thérapie hormonale
- ➢ Thérapie biologique
- ➢ Radiothérapie

Chirurgie :

La chirurgie comprend l'extraction de la tumeur et des tissus sains adjacents par le biais d'une procédure médicale. Elle permet également de déterminer les ganglions lymphatiques axillaires situés sous le bras. Un chirurgien oncologue est un spécialiste du traitement du cancer par voie chirurgicale.

Normalement, plus la tumeur est petite, plus le patient a de choix chirurgicaux. Les types de chirurgie pour le cancer du sein sont les suivants :

1. Lumpectomie
2. Mastectomie

1-Lumpectomie :

Cette méthode consiste à extraire ou à retirer la tumeur ainsi qu'une petite zone non cancéreuse de tissu sain qui l'entoure, tout en préservant la majeure partie du tissu mammaire. En cas de cancer invasif, une radiothérapie du tissu mammaire restant est souvent conseillée après l'opération, en particulier pour les jeunes patientes, celles qui ont des tumeurs à récepteurs hormonaux négatifs et celles qui ont des tumeurs de grande taille.

Pour le carcinome canalaire in situ (CCIS), la radiothérapie est généralement administrée après la chirurgie. Cette approche chirurgicale peut également être appelée chirurgie conservatrice du sein, mastectomie partielle, quadrantectomie ou mastectomie segmentaire.

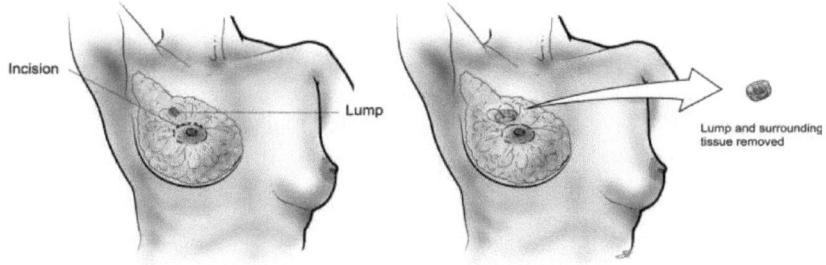

Figure no.19 : Cette image montre la tumorectomie.

2-Mastectomie :

Une mastectomie implique l'ablation chirurgicale ou l'extraction d'un sein, souvent accompagnée de l'ablation des tissus adjacents comme les ganglions lymphatiques. Elle est essentiellement utilisée comme traitement du cancer du sein et, à l'occasion, comme mesure préventive pour les femmes présentant un risque accru de développer et d'aggraver la maladie.

Une mastectomie peut être pratiquée :

- Lorsqu'une femme ne peut pas être traitée par une chirurgie mammaire conservatrice (tumorectomie), qui permet d'épargner la majeure partie du sein.
- Si une femme, pour quelque raison que ce soit, décide de subir une mastectomie plutôt qu'une chirurgie de conservation mammaire.
- Pour les femmes présentant un risque très élevé de développer un second cancer du sein et qui choisissent parfois de subir une double mastectomie (ablation des deux seins).

Types de mastectomies :

Il existe différents types de mastectomies, qui dépendent de la manière dont l'opération est effectuée et de la quantité de tissu qui est enlevée ou extraite.

1. Mastectomie simple :

Lors de cette intervention chirurgicale, le chirurgien retire la totalité du sein, c'est-à-dire le mamelon, l'aréole, le fascia qui recouvre le muscle grand pectoral (le principal muscle de la poitrine) et la peau.

Selon les conditions et les situations, un petit nombre de ganglions lymphatiques de l'aisselle peuvent également être prélevés dans le cadre d'une biopsie du ganglion lymphatique sentinelle. En général, la plupart des femmes peuvent sortir de l'hôpital le jour suivant si elles ont besoin d'être hospitalisées.

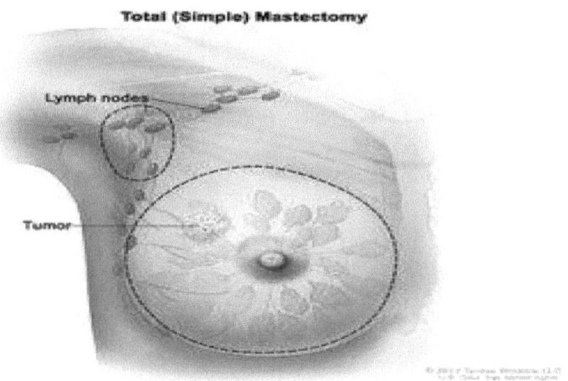

Figure no.20 : Cette image montre la mastectomie simple.

2. Mastectomie radicale modifiée :

La mastectomie radicale modifiée combine une mastectomie simple avec l'ablation ou l'extraction des ganglions lymphatiques situés sous le bras (appelée dissection des ganglions lymphatiques axillaires).

Ce type de mastectomie est souvent pratiqué dans le cadre du traitement du cancer du sein et comprend une ablation plus importante des tissus qu'une mastectomie simple. Le terme "modifiée" indique que bien qu'une partie importante du tissu mammaire soit enlevée, les muscles thoraciques sont conservés, ce qui la différencie d'une mastectomie radicale où les muscles thoraciques sont également excisés.

Illustration montrant l'incision, le tissu mammaire et les ganglions lymphatiques à retirer, ainsi que l'aspect postopératoire :

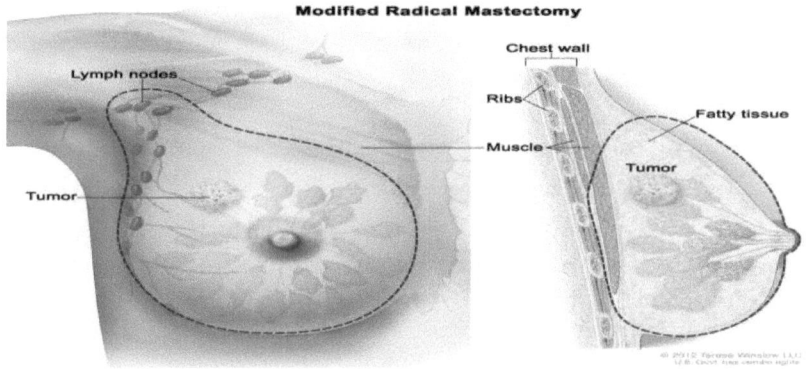

Figure no.21 : Cette image montre la mastectomie radicale modifiée.

3. Mastectomie radicale :

Cette intervention chirurgicale lourde est rarement pratiquée aujourd'hui. Le chirurgien enlève ou extrait la totalité du sein, les ganglions lymphatiques axillaires (sous l'aisselle) et les muscles pectoraux (paroi thoracique) situés sous le sein. Cette opération était autrefois très courante, mais une chirurgie moins intensive (telle que la mastectomie radicale modifiée) s'est avérée tout aussi efficace et avec moins d'effets secondaires. Cette opération peut être pratiquée si la tumeur croît ou se développe dans les muscles pectoraux.

3. Mastectomie avec épargne cutanée :

Au cours de cette méthode, la majeure partie de la peau qui recouvre le sein reste intacte. Seuls le tissu mammaire, le mamelon et l'aréole sont excisés ou isolés, la quantité de tissu mammaire enlevée étant équivalente à celle d'une mastectomie simple. Des options chirurgicales de reconstruction mammaire, telles que des implants ou des tissus provenant d'autres parties du corps, peuvent être utilisées simultanément.

La mastectomie avec épargne cutanée est appréciée par de nombreuses femmes en raison des avantages qu'elle offre, à savoir une réduction du tissu cicatriciel et une reconstruction mammaire d'apparence et de texture plus naturelles. En outre, elle peut ne pas être appropriée pour les tumeurs de grande taille ou celles qui se trouvent près de la surface de la peau.

La probabilité d'une récidive locale du cancer après cette mastectomie par rapport à d'autres types de mastectomie.

Les experts ont recommandé que les mastectomies avec épargne cutanée soient effectuées par un groupe de chirurgiens du sein ayant une grande expérience de cette méthode.

4. **Mastectomie sans mamelon** :

Une mastectomie sans mamelon ressemble à une mastectomie avec épargne de la peau dans la mesure où le tissu mammaire est enlevé ou extrait et la peau du sein est conservée. Mais dans cette méthode, le mamelon et l'aréole sont laissés en place. Ensuite, la reconstruction mammaire est une option. Au cours de l'intervention, le chirurgien retire ou extrait souvent le tissu mammaire situé sous le mamelon et l'aréole afin de rechercher des cellules cancéreuses. Si un cancer est détecté dans ces tissus, le mamelon et l'aréole doivent être enlevés ou extraits. Cette option de mastectomie est généralement envisagée plus fréquemment pour les femmes atteintes d'un cancer de petite taille, à un stade précoce, situé à au moins 2 cm du mamelon et de l'aréole, sans indication de cancer dans la peau ou le mamelon.

Comme pour les autres interventions chirurgicales, cette méthode comporte des risques. Après l'opération, le mamelon peut être insuffisamment irrigué, ce qui entraîne un rétrécissement ou une déformation des tissus, ainsi qu'une diminution de la sensation due à la rupture des nerfs. Dans le cas de seins plus volumineux, les mamelons reconstruits peuvent paraître incongrus.

C'est pourquoi de nombreux médecins préconisent cette opération principalement pour les femmes ayant des seins de taille petite à moyenne. Même si les cicatrices sont moins visibles, il existe un risque de tissu mammaire résiduel, ce qui augmente potentiellement le risque de récidive du cancer par rapport aux mastectomies simples ou avec épargne de la peau. Toutefois, les progrès techniques ont permis de réduire ce risque et les taux de récidive sont comparables à ceux des autres types de mastectomie.

La mastectomie sans mamelon est généralement considérée comme un traitement approprié du cancer du sein dans certains cas. Comme pour la mastectomie avec épargne cutanée, il est recommandé que cette méthode soit pratiquée par une équipe de chirurgiens du sein expérimentés dans cette technique.

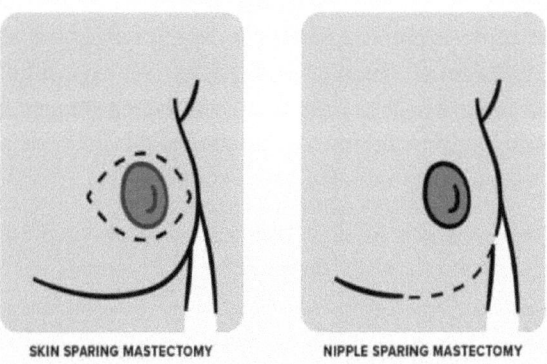

Figure no.22 : Cette image montre la mastectomie avec épargne de la peau et du mamelon.

5. Double mastectomie :

Lorsque les deux seins sont enlevés ou extraits chirurgicalement, on parle de double mastectomie ou de mastectomie bilatérale. Cette méthode est parfois utilisée comme mesure préventive pour les femmes présentant un risque exceptionnellement élevé de développer un cancer du sein, par exemple celles qui sont porteuses d'une mutation du gène BRCA. Si la plupart de ces mastectomies comprennent l'ablation de l'ensemble du tissu mammaire (mastectomie simple), certaines peuvent conserver les mamelons. Dans certains cas, une double mastectomie peut également faire partie de la stratégie de traitement du cancer du sein.

Cette procédure est couramment pratiquée pour de nombreuses raisons :

- **Réduction du risque** :

Les femmes présentant un risque élevé de développer et d'aggraver un cancer du sein, comme celles qui sont porteuses d'une mutation du gène BRCA, peuvent opter pour une double mastectomie afin de réduire de manière significative leur risque de développer la maladie. En retirant les deux seins, la probabilité que le cancer se développe dans l'un ou l'autre des seins est fortement diminuée.

- **Traitement du cancer du sein :**

Dans certains cas, notamment lorsque le cancer est présent dans les deux seins et que le risque de récidive du cancer dans le sein normal est plus élevé, une double mastectomie peut être proposée dans le cadre du plan de traitement. L'ablation des deux seins peut contribuer à stopper la propagation ou la récurrence du cancer du sein. Le traitement du cancer du sein nécessite l'équipement nécessaire pour enlever ou extraire le sein affecté.

Avant de procéder à une double mastectomie, les patientes bénéficient généralement de conseils et de discussions approfondies avec leur équipe soignante ou leur médecin afin de comprendre les risques, les avantages et les résultats potentiels de la méthode. Les patientes doivent consulter leur médecin de famille pour vérifier les facteurs de risque tels que les antécédents familiaux ou personnels de cancer du sein. Le soutien psychologique et les soins postopératoires sont également des éléments importants de la procédure de traitement.

Dans l'ensemble, une double mastectomie est une décision chirurgicale significative et importante qui nécessite une réflexion approfondie, une compréhension et une planification personnalisée afin de garantir les meilleurs résultats possibles pour la patiente en termes de réduction du risque de cancer, de traitement et de qualité de vie.

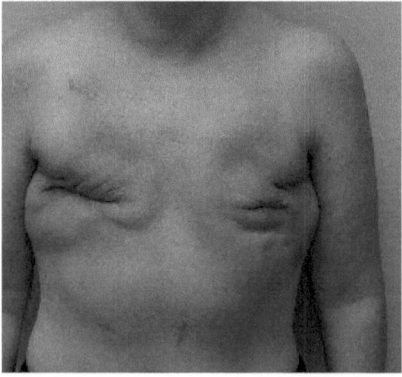

Figure no.23 : Cette image montre la double mastectomie.

Chimiothérapie :

L'utilisation de médicaments spéciaux pour réduire ou tuer les cellules cancéreuses. Les produits pharmaceutiques peuvent être administrés sous forme de comprimés ou par voie intraveineuse, ou parfois les deux. La chimiothérapie est généralement administrée sous forme de cycles de traitement. Cela signifie qu'après avoir pris un médicament de chimiothérapie, seul ou en association, vous ferez une pause pour permettre à votre corps de guérir. Chaque cycle de traitement varie en fonction de la maladie dont vous souffrez. Mais en général, il a lieu toutes les 2 à 4 semaines.

> **Avant l'opération :**

La chimiothérapie administrée avant la chirurgie est appelée thérapie néo adjuvante. Son objectif est de réduire la taille du cancer avant l'intervention chirurgicale. Par conséquent, certaines personnes peuvent bénéficier d'une chirurgie conservatrice du sein (tumorectomie) au lieu d'une mastectomie.

La chimiothérapie peut être administrée avant la chirurgie si vous avez.. :

- un cancer important
- HER 2 positif Ouvrir un article de glossaire cancer du sein
- triple négatif Ouvrir un article de glossaire cancer du sein
- une maladie du sein connue sous le nom de cancer inflammatoire du sein

> **Après l'opération** :

Le traitement adjuvant, également appelé chimiothérapie après la chirurgie, est proposé si l'on craint que les cellules cancéreuses ne se soient propagées à d'autres parties du corps. Son objectif est de réduire les risques de récidive du cancer. La chimiothérapie après une intervention chirurgicale peut être recommandée pour les raisons suivantes:

- Des cellules cancéreuses ont été localisées dans les ganglions lymphatiques
- Les récepteurs hormonaux sont absents des cellules cancéreuses. Ce type de cancer du sein est appelé cancer du sein à récepteurs hormonaux négatifs.
- Les cellules cancéreuses du sein sont de grade supérieur (grade 3)
- Votre petit carcinome mammaire est positif pour HER2

➤ Chimiothérapie pour le cancer du sein récurrent :

Le cancer du sein est susceptible de métastaser, c'est-à-dire de se propager de son site d'origine à d'autres parties du corps, entraînant un cancer du sein secondaire ou avancé.

La chimiothérapie est principalement utilisée dans le traitement du cancer du sein secondaire. Son objectif est de gérer ou de réduire la taille du cancer et d'atténuer les symptômes qui y sont liés. Dans de nombreux cas, le traitement peut contrôler efficacement la croissance des cellules cancéreuses pendant des périodes prolongées, allant de plusieurs mois à plusieurs années.

Diverses chimiothérapies sont utilisées dans le traitement du cancer du sein. En particulier, une combinaison de deux ou trois médicaments est administrée, bien que des schémas à un seul médicament soient également possibles.

➤ Médicaments de chimiothérapie :

Le choix des médicaments est déterminé par différents facteurs, notamment le risque de récidive du cancer et la présence d'autres conditions médicales telles que des problèmes cardiaques.

Voici quelques exemples de médicaments de chimiothérapie que vous pourriez avoir inclus :

- paclitaxel
- docétaxel
- épirubicine
- carboplatine
- capécitabine
- éribuline
- cyclophosphamide (EC) et épirubicine
- Docetexel et cyclophosphamide (AC)
- Doxorubicine et cyclophosphamide (TC)

Il ne s'agit pas d'une liste exhaustive de tous les médicaments utilisés dans la chimiothérapie pour le traitement du cancer du sein. Vous pouvez vérifier le nom de votre traitement auprès de votre médecin ou de votre infirmière, puis consulter notre liste de A à Z des médicaments contre le cancer.

Comment se déroule la chimiothérapie ?

La majorité des médicaments de chimiothérapie pour le cancer du sein sont administrés par voie intraveineuse, directement dans la circulation sanguine, au moyen d'une perfusion. Certains médicaments peuvent également être disponibles sous forme de comprimés à ingérer par voie orale.

➤ **S'infiltrer dans votre système vasculaire :**

Le traitement est généralement administré à l'aide d'un tube fin et court, appelé canule, inséré dans une veine de votre bras à chaque séance. Il est également possible d'utiliser un long tube en plastique, tel qu'un cathéter central, un cathéter PICC ou un portacath, pour administrer le médicament dans une grosse veine de la poitrine. Ces tubes restent en place pendant toute la durée du traitement.

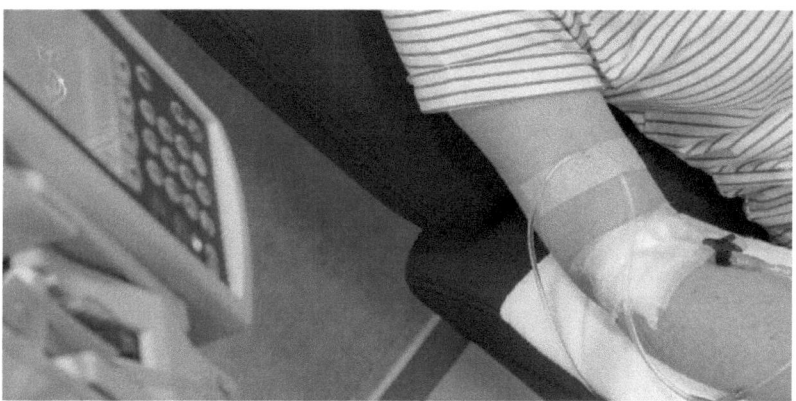

Figure no.24 : Cette image montre la méthode de chimiothérapie.

➤ **La prise des comprimés :**

Suivez les instructions de votre médecin ou de votre pharmacien lorsque vous prenez des comprimés. Le fait de les prendre à jeun ou à jeun peut avoir une incidence sur l'absorption du médicament dans la circulation sanguine. Respectez toujours la dose prescrite, ni plus ni moins. Il est essentiel de ne pas interrompre un traitement anticancéreux sans consulter au préalable votre spécialiste.

➢ Effets secondaires de la chimiothérapie :

Les médicaments chimiothérapeutiques peuvent provoquer des effets secondaires, qui dépendent du type et de la dose de médicaments administrés, ainsi que de la durée du traitement. Parmi les effets indésirables les plus fréquents, on peut citer

- L'amincissement des cheveux
- Modifications des ongles
- Maux de bouche
- Perte d'appétit ou changements de poids
- Nausées et vomissements
- Diarrhée
- Fatigue
- Bouffées de chaleur et/ou sécheresse vaginale de la ménopause causées par la chimiothérapie
- Lésions nerveuses
- La chimio peut également affecter les cellules de la moelle osseuse qui forment le sang.
- Risque accru d'infections (en raison d'un faible nombre de globules blancs)
- Ecchymoses ou saignements faciles (en raison d'un faible taux de plaquettes sanguines)

Thérapie hormonale :

L'hormonothérapie, également appelée thérapie hormonale ou endocrinienne, vise à inhiber ou à réduire la croissance des tumeurs sensibles aux hormones en empêchant la production d'hormones par l'organisme ou en perturbant les effets des hormones sur les cellules cancéreuses du sein. Ce traitement est généralement administré après une intervention chirurgicale.

➢ Après l'opération :

L'hormonothérapie est généralement prescrite dans le cas d'un cancer du sein après une intervention chirurgicale ; il s'agit alors d'un traitement adjuvant. L'objectif de l'hormonothérapie est de réduire le risque de récidive du cancer.

Si la chimiothérapie suit la chirurgie, l'hormonothérapie commence généralement après la fin de la chimiothérapie. Pour les patients qui subissent une radiothérapie après la chirurgie, l'hormonothérapie peut souvent être commencée en même temps ou différée jusqu'à la fin de la radiothérapie.

L'hormonothérapie dépend de

- Le type de médicaments.
- Effets secondaires des médicaments.
- La ménopause comme les conditions personnelles.
- **Avant l'opération :**

Thérapie néo-adjuvante, administrée avant la chirurgie. L'objectif est de réduire la taille d'un cancer important. Cette approche peut permettre une opération moins lourde, par exemple en n'enlevant que la tumeur (tumorectomie) plutôt que le sein entier (mastectomie).

Des contrôles réguliers avec votre médecin pendant l'hormonothérapie néo-adjuvante permettent de surveiller la réponse de la tumeur et la réduction de sa taille.

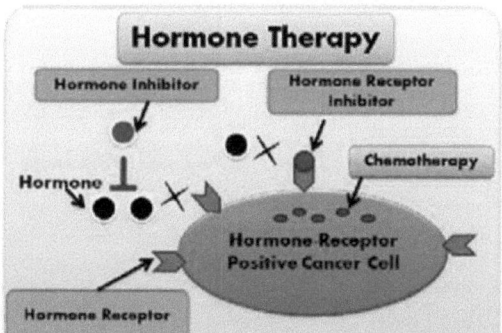

Figure no.25 : Cette image montre la thérapie hormonale.

Thérapie biologique :

La thérapie biologique, également appelée thérapie ciblée, exploite le système immunitaire de l'organisme pour combattre le cancer. Cette approche utilise des médicaments et des substances, produits naturellement par l'organisme ou synthétisés en laboratoire, pour activer le système immunitaire afin qu'il combatte les cellules cancéreuses.

L'objectif est de cibler et de déterminer les molécules spécifiques sur les cellules ou dans l'environnement qui contribuent à leur comportement cancéreux. Ce faisant, l'organisme peut reconnaître et éliminer les cellules anormales avant qu'elles ne forment des métastases dans d'autres parties du corps.

Types de thérapies biologiques pour le cancer du sein :

Voici quelques types de thérapies biologiques :

> **Anticorps monoclonaux :**

Les anticorps monoclonaux sont des anticorps synthétiques utilisés pour cibler et fixer des molécules spécifiques, appelées antigènes, situées à la surface des cellules cancéreuses du sein. Ils peuvent être utilisés indépendamment ou en association avec des médicaments de chimiothérapie pour aider à l'élimination des cellules cancéreuses.

En voici quelques exemples :

- Trastuzumab (Herceptin) : Cet AcM cible la protéine HER2 dans le cancer du sein au stade précoce et au stade avancé.
- Pertuzumab (Perjeta) : Cet AcM cible également la protéine HER2 dans le cancer du sein au stade précoce et au stade avancé.
- Margetuximab (Margenza) : Cet AcM cible la protéine HER2 dans le cancer du sein au stade avancé.

> **Conjugués anticorps-médicaments :**

Les conjugués anticorps-médicaments utilisent des anticorps monoclonaux pour fixer les médicaments chimiothérapeutiques sur les cellules cancéreuses, ce qui permet une administration plus précise de la thérapie. Cette approche ciblée peut réduire les effets secondaires en diminuant la dose de médicament nécessaire au traitement. Les conjugués sont associés à des médicaments chimiothérapeutiques particuliers.

En voici quelques exemples :

- Ado-trastuzumab emtansine (Kadcyla) : Ce conjugué anticorps-médicament est lié au médicament de chimiothérapie emtansine pour cibler la protéine HER2 dans le cancer du sein au stade précoce et au stade avancé.

> **Inhibiteurs PARP :**

Les inhibiteurs de PARP sont des médicaments qui inhibent la fonction des enzymes PARP, qui jouent un rôle décisif dans la réparation de l'ADN endommagé dans les cellules cancéreuses. Cette interférence peut entraver la survie des cellules cancéreuses après une chimiothérapie ou une radiothérapie. En inhibant ces enzymes, les cellules cancéreuses deviennent plus sensibles au traitement, ce qui les rend plus aptes à être détruites.

Voici quelques exemples :

- Olaparib (Lynparza) : Cet inhibiteur de la PARP est utilisé pour traiter le cancer du sein HER2-négatif au stade précoce et avancé avec une mutation héréditaire du gène BRCA.
- Talazoparib (Talzenna) : Cet inhibiteur de la PARP est utilisé pour traiter le cancer du sein HER2-négatif avec une mutation BRCA.

> **Inhibiteurs de kinases :**

Les inhibiteurs de kinases sont des médicaments qui ciblent et inhibent ou entravent une classe spécifique d'enzymes appelées kinases, qui jouent un rôle essentiel dans le contrôle de la prolifération et de la dissémination des cellules cancéreuses. L'obstruction de ces enzymes permet de ralentir ou d'arrêter la croissance et le développement des cellules tumorales.

Voici quelques exemples :

- Nératinib (Nerlynx) : Ce médicament oral est réservé aux personnes atteintes d'un cancer du sein HER2-positif au stade précoce qui ont pris le médicament trastuzumab pendant un an.

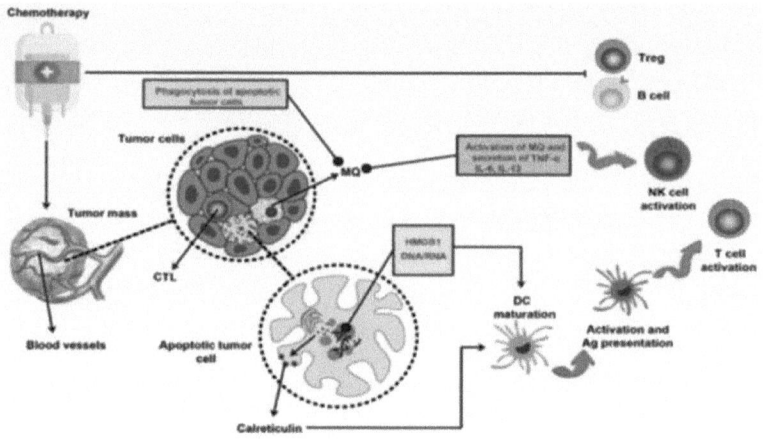

Figure no.26 : Cette image montre la méthode biologique.

Radiothérapie :

La radiothérapie du cancer du sein est un traitement localisé qui utilise des rayons X à haute énergie ou d'autres types de radiations pour cibler et détruire les cellules cancéreuses. Elle est généralement utilisée après une intervention chirurgicale, soit une tumorectomie (chirurgie conservatrice du sein), soit une mastectomie, afin d'éradiquer les cellules cancéreuses restantes dans la région du sein ou dans les ganglions lymphatiques environnants. Voici les points importants de la radiothérapie :

1. La planification :

Avant de commencer la radiothérapie, le patient participe à une séance de planification et à une discussion, au cours de laquelle des techniques d'imagerie telles que la tomodensitométrie sont utilisées pour délimiter avec précision la zone de traitement.

Les radio-oncologues travaillent en étroite collaboration avec les physiciens médicaux et les dosimétristes pour élaborer un plan de traitement personnalisé visant à éliminer les cellules cancéreuses.

2. Types de radiothérapie :

- **Radiothérapie par faisceau externe :** Il s'agit du type de radiations le plus courant. Une machine située à l'extérieur du corps délivre des radiations à la zone affectée du sein.
- **Radiothérapie interne (brachythérapie) : dans** certains cas, des implants radioactifs sont placés directement dans le tissu mammaire, à proximité du site de la tumeur. Cette approche est moins courante mais peut convenir à certaines patientes.

3. La prestation du traitement :

La radiothérapie est généralement administrée en séances quotidiennes pendant plusieurs semaines. La durée totale du traitement varie en fonction de facteurs tels que le stade du cancer, la taille de la tumeur et l'état de santé général.

Chaque séance d'irradiation est rapide, ne durant généralement que quelques minutes, et est indolore.

Les patients peuvent être amenés à s'allonger sur une table de traitement dans une position spécifique afin d'assurer un ciblage précis des faisceaux de rayonnement.

4. Effets secondaires :

Les effets secondaires de la radiothérapie pour le cancer du sein peuvent être les suivants :

- Irritation de la peau
- Rougeur dans la zone traitée
- Fatigue
- Modifications temporaires de l'aspect des seins.

La plupart des effets secondaires sont temporaires et disparaissent après la fin du traitement.

5. Contrôle et suivi :

Les patients sont étroitement surveillés tout au long de la radiothérapie afin de gérer les effets secondaires et de garantir l'efficacité du traitement.

Après la fin de la radiothérapie, les patients ont des rendez-vous de suivi réguliers avec leur oncologue afin de surveiller tout signe de récidive du cancer ou d'effets secondaires à long terme.

6. L'efficacité :

La radiothérapie a permis de réduire considérablement le risque de récidive du cancer dans la région du sein traitée et dans les ganglions lymphatiques adjacents.

Elle joue un rôle essentiel dans l'amélioration du taux de survie global des patientes atteintes d'un cancer du sein, en particulier lorsqu'elle est associée à d'autres traitements tels que la chirurgie et la chimiothérapie.

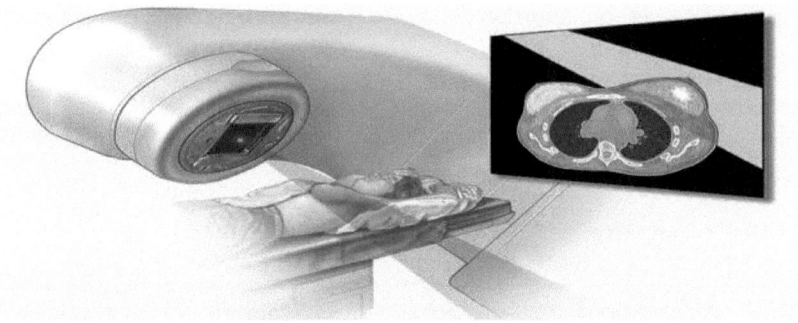

Figure no.26 : Cette image montre la méthode du rayonnement.

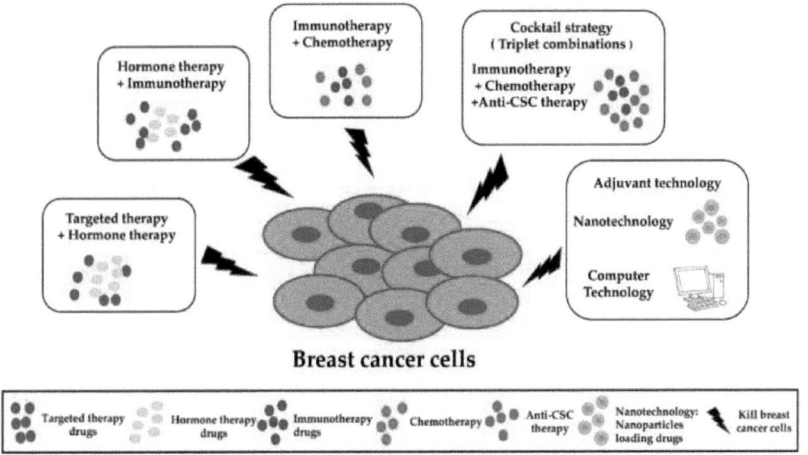

Figure no.27 : Cette image montre les méthodes de traitement du cancer du sein.

Prévention du cancer du sein

Voici les différentes mesures de prévention du cancer du sein :

1. Dépistage régulier :

Des mammographies régulières sont recommandées par les professionnels de la santé, le plus souvent à partir de 40 ans ou plus tôt en cas d'antécédents familiaux de cancer du sein.

2. Alimentation saine et gestion du poids :

La prévention la plus essentielle consiste à maintenir une alimentation équilibrée, riche en fruits, légumes, céréales et protéines.

Évitez de consommer des aliments transformés, de la viande rouge et des boissons sucrées. Faites de l'exercice tous les jours pour prendre du poids et vivre en bonne santé.

3. Activité physique :

Pour être en meilleure santé et réduire le risque de cancer du sein, vous devez pratiquer des activités physiques quotidiennes, comme le vélo. L'exercice physique quotidien contribue à minimiser le risque de cancer du sein en régulant les niveaux d'hormones et en promouvant et améliorant la santé générale.

4. Limiter la consommation d'alcool :

Vous devez également éviter de consommer de l'alcool ; la raison en est que les boissons alcoolisées maximisent le risque de cancer du sein et sont dangereuses pour la santé.

5. Éviter le tabac et le tabagisme passif :

Le tabac est très dangereux pour la santé car il provoque le cancer et notamment le cancer du sein.

6. L'allaitement :

L'allaitement maternel est meilleur pour les enfants, c'est pourquoi vous ne devez donner que du lait maternel à vos enfants.

L'allaitement est également associé à la réduction du risque de développer un cancer du sein et à la protection du bébé.

7. Traitement hormonal substitutif (THS) :

Le traitement hormonal substitutif est la méthode la plus importante pour réduire la maladie du cancer du sein. Ce type de thérapie n'est utilisé que lorsque vous présentez des symptômes de ménopause ou lorsque cette thérapie est nécessaire pour votre maladie. Cette thérapie minimise le risque de cancer du sein ; sa durée doit donc être faible pour contrôler ce cancer. Informez-vous auprès de votre médecin de famille.

8. Conseil et test génétiques :

Si vous avez des antécédents personnels ou familiaux, vous devez consulter votre médecin de famille pour vérifier tout risque de cette maladie.

9. Médicaments :

En principe, toute femme présentant un risque élevé de cancer du sein a besoin de soins de santé qui peuvent lui suggérer des médicaments : par exemple, des modulateurs sélectifs des récepteurs des œstrogènes (SERM) ou des inhibiteurs de l'aromatase afin de minimiser le risque de développer la maladie.

10. Facteurs environnementaux et professionnels :

Réduire l'exposition aux toxines et polluants environnementaux lorsque cela est possible et prendre les précautions et mesures préventives nécessaires dans les milieux professionnels où une exposition à des produits chimiques peut se produire. En intégrant toutes ces mesures préventives à votre mode de vie, à votre routine et en demandant conseil à des professionnels de la santé, vous pouvez minimiser votre risque de développer un cancer du sein et améliorer votre état de santé général.

Perspectives d'avenir du cancer du sein

L'avenir du cancer du sein réside dans une approche à multiples facettes entourant les progrès en matière de détection initiale, de médecine personnalisée, de thérapies ciblées, d'immunothérapie, de modalités de traitement émergentes, de soins aux survivants et d'équité en matière de santé. Dans le cadre de la recherche et de l'innovation, des technologies de dépistage améliorées et renforcées, telles que l'imagerie moléculaire et les biomarqueurs sanguins, peuvent permettre la détection initiale des lésions du cancer du sein. Ces technologies peuvent permettre la détection initiale des lésions du cancer du sein.

Des approches médicales précises, s'appuyant sur le profilage génomique et moléculaire, permettront d'identifier les mutations ciblables et de développer de nouvelles thérapies ciblées plus efficaces et à la toxicité réduite ou minimisée. L'immunothérapie est prometteuse en tant que modalité de traitement transformatrice, tandis que les approches émergentes telles que les virus oncolytiques et les systèmes d'administration de médicaments à base de nanoparticules offrent de nouvelles voies pour le traitement du cancer du sein.

Seule l'attention portée aux soins aux survivants et aux initiatives en faveur de l'équité en matière de santé permettra d'optimiser les résultats à long terme et la qualité de vie des patientes et des survivantes du cancer du sein, en garantissant un accès équitable aux soins et aux services de soutien pour toutes les personnes touchées par la maladie.

RÉFÉRENCES :

1-**Byrnes** GB, Southey MC, Hopper JL. Les gènes du cancer du sein dits à faible pénétrance, ATM, BRIP1, PALB2 et CHEK2, présentent-ils un risque élevé pour les femmes ayant des antécédents familiaux importants ? Breast Cancer Res. 2008 ; 10(3):208.

2-**Dillon** DA, Guidi AJ, Schnitt SJ. Ch. 25 : Pathologie du cancer du sein invasif. In : HarrisJR, Lippman ME, Morrow M, Osborne CK, eds. Diseases of the Breast. 5e éd. Philadelphie, Pa : Lippincott-Williams & Wilkins ; 2014.

3-Institut **national du** cancer. Physician Data Query (PDQ). Breast Cancer Treatment-Patient Version. 2021. Consulté à l'adresse https://www.cancer.gov/types/breast/patient/breasttreatment-pdq le 24 juin 2021.

4-**National** Comprehensive Cancer Network (NCCN). Évaluation génétique/familiale à haut risque : Breast, Ovarian, and Pancreatic. Version 1.2022 - 11 août 2021. Consulté sur https://www.nccn.org/professionals/physician_gls/pdf/genetics_bop.pdf le 17 septembre 2021.

5-**Henry** NL, Shah PD, Haider I, Freer PE, Jagsi R, Sabel MS. Chapitre 88 : Cancer du sein. In : Niederhuber JE, Armitage JO, Doroshow JH, Kastan MB, Tepper JE, eds. Abeloff's Clinical Oncology. 6th ed. Philadelphie, Pa : Elsevier ; 2020.

6-Jagsi R, King TA, Lehman C, Morrow M, Harris JR, Burstein HJ. Chapitre 79 : MalignantTumors of the Breast. In : DeVita VT, Lawrence TS, Lawrence TS, Rosenberg SA, eds.DeVita, Hellman, and Rosenberg's Cancer : Principles and Practice of Oncology. 11thed. Philadelphie, Pa : Lippincott Williams & Wilkins ; 2019.

7-Institut **national du** cancer. Physician Data Query (PDQ). Breast Cancer Treatment -Patient Version. 2021. Consulté à l'adresse https://www.cancer.gov/types/breast/patient/breasttreatment-pdq le 24 juin 2021.

8-Berger AH et Pandolfi PP. Chapitre 5 : Syndromes de susceptibilité au cancer. In : DeVita VT, Lawrence TS, Lawrence TS, Rosenberg SA, eds.

DeVita, Hellman et Rosenberg's Cancer : Principles and Practice of Oncology. 11e édition. Philadelphie, Pa : Lippincott Williams & Wilkins ; 2019.

9-Byrnes GB, Southey MC, Hopper JL. Les gènes du cancer du sein dits à faible pénétrance, ATM, BRIP1, PALB2 et CHEK2, présentent-ils un risque élevé pour les femmes ayant des antécédents familiaux importants ? Breast Cancer Res. 2008 ; 10(3):208.

10-National Comprehensive Cancer Network (NCCN). Évaluation génétique/familiale à haut risque : Breast, Ovarian, and Pancreatic. Version 1.2022 - 11 août 2021. Consulté sur https://www.nccn.org/professionals/physician_gls/pdf/genetics_bop.pdf le 17 septembre 2021.

11-Walsh MF, Cadoo K, Salo-Mullen EE, Dubard-Gault M, Stadler ZK et Offit K. Chapitre 13 : Facteurs génétiques - Syndromes de prédisposition héréditaire au cancer. In : Niederhuber JE, Armitage JO, Doroshow JH, Kastan MB, Tepper JE, eds. Abeloff's Clinical Oncology. 6th ed. Philadelphie, Pa : Elsevier ; 2020.

12-Corben AD et Brogi E. Chapitre 21 : Ductal Carcinoma In Situ and Other Intraductal Lesions : Pathologie, immunohistochimie et altérations moléculaires. In : Harris JR, Lippman ME, Morrow M, Osborne CK, eds. Diseases of the Breast. 5e éd. Philadelphie, Pa : Lippincott-Williams & Wilkins ; 2014.

13-Henry NL, Shah PD, Haider I, Freer PE, Jagsi R, Sabel MS. Chapitre 88 : Cancer du sein. In : Niederhuber JE, Armitage JO, Doroshow JH, Kastan MB, Tepper JE, eds. Abeloff's Clinical Oncology. 6th ed. Philadelphie, Pa : Elsevier ; 2020.

14-Jagsi R, King TA, Lehman C, Morrow M, Harris JR, Burstein HJ. Chapitre 79 : Malignant Tumors of the Breast. In : DeVita VT, Lawrence TS, Lawrence TS, Rosenberg SA, eds. DeVita, Hellman, et Rosenberg's Cancer : Principles and Practice of Oncology. 11th ed. Philadelphie, Pa : Lippincott Williams & Wilkins ; 2019.

15-Institut **national du** cancer. Physician Data Query (PDQ). Traitement du cancer du sein - Version pour les professionnels de la santé. 2021. Consulté à l'adresse https://www.cancer.gov/types/breast/hp/breast-treatment-pdq le 30 août 2021.

16-National Comprehensive Cancer Network (NCCN). Lignes directrices pour la pratique de l'oncologie du cancer du sein. Version 7.2021. Consulté à   l'adresse https://www.nccn.org/professionals/physician_gls/pdf/breast.pdf le 30 août 2021.

17-Arpino G, Infiltrating lobular carcinoma of the breast tumor board characteristics and clinical outcome. Breast Cancer Research. 2004 ; 6 : 149.

18-Dillon DA, Guidi AJ, Schnitt SJ. Ch. 25 : Pathologie du cancer du sein invasif. In : Harris JR, Lippman ME, Morrow M, Osborne CK, eds. Diseases of the Breast. 5th ed. Philadelphie, Pa : Lippincott-Williams & Wilkins ; 2014.

19-Henry NL, Shah PD, Haider I, Freer PE, Jagsi R, Sabel MS. Chapitre 88 : Cancer du sein. In : Niederhuber JE, Armitage JO, Doroshow JH, Kastan MB, Tepper JE, eds. Abeloff's Clinical Oncology. 6th ed. Philadelphie, Pa : Elsevier ; 2020.

20-Huober J, Gelber S, Goldhirsch A, et al. Prognosis of medullary breast cancer : analysis of 13 International Breast Cancer Study Group (IBCSG) trials. Ann Oncol. 2012 ; 23(11):2843-2851.

21-Jagsi R, King TA, Lehman C, Morrow M, Harris JR, Burstein HJ. Chapitre 79 : Tumeurs malignes du sein. In : DeVita VT, Lawrence TS, Lawrence TS, Rosenberg SA, eds. DeVita, Hellman, et Rosenberg's Cancer : Principles and Practice of Oncology. 11th ed. Philadelphie, Pa : Lippincott Williams & Wilkins ; 2019.

22-AJCC (American Joint Committee on Cancer) Cancer Staging Manual ; 8e édition, 3e impression, Amin MB, Edge SB, Greene FL, et al (Eds), Springer, Chicago 2018.

23-Giuliano AE, Connolly JL, Edge SB, et al. Breast Cancer-Major changes in the American Joint Committee on Cancer eighth edition cancer staging manual. CA Cancer J Clin. 2017 ; 67(4):290-303.

24- Erbas B, Provenzano E, Armes J, Gertig D. The natural history of ductal carcinoma in situ of the breast : a review. Breast Cancer Res Treat. 2006 ; 97(2):135-144.

25- Sanders ME, Schuyler PA, Simpson JF, Page DL, Dupont WD. Continued observation of the natural history of low-grade ductal carcinoma in situ reaffirms proclivity for local recurrence even after more than 30 years of follow-up. Mod Pathol. 2015 ; 28(5):662-669.

26- Collins LC, Tamimi RM, Baer HJ, Connolly JL, Colditz GA, Schnitt SJ. Outcome of patients with ductal carcinoma in situ untreated after diagnostic biopsy : results from the Nurses' Health Study. Cancer. 2005 ; 103(9):1778-1784.

27- Punglia RS, Bifolck K, Golshan M, et al. Épidémiologie, biologie, traitement et prévention du carcinome canalaire in situ (CCIS). JNCI Cancer Spectr. 2018 ; 2(4):pky063.

28- Visser LL, Groen EJ, van Leeuwen FE, Lips EH, Schmidt MK, Wesseling J. Predictors of an Invasive Breast Cancer Recurrence after DCIS : A Systematic Review and Meta-analyses. Cancer Epidemiol Biomarkers Prev. 2019 ; 28(5):835-845.

29-SEER*Bases de données **statistiques** : NAACCR Incidence Data - CiNA Analytic File, 1995-2016, for NHIAv2 Origin and for Expanded Races, Custom File With County, ACS Facts and Figures projection Project (qui comprend des données du National Program of Cancer Registries (NPCR) des CDC, des registres provinciaux et territoriaux du CCCR et des registres de surveillance, d'épidémiologie et de résultats finaux (SEER) du NCI), certifiées par l'Association nord-américaine des registres centraux du cancer (NAACCR), et des registres Surveillance, Epidemiology and End Results (SEER) du NCI), certifié par la North American Association of Central Cancer Registries (NAACCR) comme répondant à des normes de données d'incidence de haute qualité pour les périodes spécifiées, soumis en décembre 2018.

30- Dieci MV, Orvieto E, Dominici M, Conte P, Guarneri V. Rare breast cancer subtypes : histological, molecular, and clinical peculiarities. Oncologist. 2014 ; 19(8):805-813.

31- Cheang MC, Martin M, Nielsen TO, et al. Defining breast cancer intrinsic subtypes by quantitative receptor expression. Oncologist. 2015 ; 20(5):474-482.

32- Howlader N, Cronin KA, Kurian AW, Andridge R. Differences in Breast Cancer Survival by Molecular Subtypes in the United States. Cancer Epidemiol Biomarkers Prev. 2018 ; 28:28.

33- Parise CA, Caggiano V. Risk of mortality of node-negative, ER/PR/HER2 breast cancer subtypes in T1, T2, and T3 tumors. Breast Cancer Res Treat. 2017 ; 165(3):743-750.

34- Prat A, Adamo B, Cheang MC, Anders CK, Carey LA, Perou CM. Caractérisation moléculaire du cancer du sein triplégatif de type basal et non basal. Oncologist. 2013 ; 18(2):123-133.

35- Plevritis SK, Munoz D, Kurian AW, et al. Association of Screening and Treatment With Breast Cancer Mortality by Molecular Subtype in US Women, 2000-2012. JAMA. 2018 ; 319(2):154-164.

36- Costa RLB, Gradishar WJ. Cancer du sein triple négatif : Current Practice and Future Directions. J Oncol Pract. 2017 ; 13(5):301-303. 16. Sharma P. Biologie et prise en charge des patientes atteintes d'un cancer du sein triple négatif. Oncologist. 2016 ; 21(9):1050-1062.

37- Wolff AC, Tung NM, Carey LA. Implications of Neoadjuvant Therapy in Human Epidermal Growth Factor Receptor 2-Positive Breast Cancer (Implications de la thérapie néoadjuvante dans le cancer du sein positif pour le facteur de croissance épidermique humain). J Clin Oncol. 2019;3.

38- Miller KD, Siegel RL, Lin CC, et al. Cancer treatment and survivorship statistics, 2019. CA Cancer J Clin. 2019:1-23.

39- Mariotto AB, Etzioni R, Hurlbert M, Penberthy L, Mayer M. Estimation du nombre de femmes vivant avec un cancer du sein métastatique aux États-Unis. Cancer Epidemiol Biomarkers Prev. 2017 ; 26(6):809-815.

40- Howlader N, Noone AM, Krapcho M, et al, eds. SEER Cancer Statistics Review, 1975-2016. Bethesda, MD : National Cancer Institute ; 2019. Disponible sur le site seer.cancer.gov/csr/1975_2016/, sur la base de la soumission des données SEER de novembre 2018, publiée sur le site web de SEER en avril 2019.

41- Breen N, Gentleman JF, Schiller JS. Mise à jour des tendances en matière de mammographie : comparaisons des taux en 2000, 2005 et 2008. Cancer. 2011 ; 117 : 2209-2218.

42- Ravdin PM, Cronin KA, Howlader N, et al. The decrease in breast cancer incidence in 2003 in the United States. N Engl J Med. 2007 ; 356(16):1670-1674.

43-Coombs NJ, Cronin KA, Taylor RJ, Freedman AN, Boyages J. The impact of changes in hormone therapy on breast cancer incidence in the US population. Cancer Causes Control. 2010 ; 21(1):83-90.

44- DeSantis C, Howlader N, Cronin KA, Jemal A. Breast cancer incidence rates in U.S. women are no longer declining. Cancer Epidemiol Biomarkers Prev. 2011 ; 20(5):733-739.

45- Pfeiffer RM, Webb-Vargas Y, Wheeler W, Gail MH. Proportion des tendances américaines en matière d'incidence du cancer du sein attribuables à des changements à long terme dans la distribution des facteurs de risque. Cancer Epidemiol Biomarkers Prev. 2018 ; 1:1.

46- Morrow M, Schnitt SJ, Norton L. Current management of lesions associated with an increased risk of breast cancer. Nature Rev Clin Oncol. 2015 ; 12(4):227-238.

47- Manson JE, Chlebowski RT, Stefanick ML, et al. Menopausal hormone therapy and health outcomes during the intervention and extended poststopping phases of the Women's Health Initiative randomized trials. JAMA. 2013;310(13):1353-1368.

48- Stout NK, Cronin AM, Uno H, et al. Estrogen-receptor status and risk of contralateral breast cancer following DCIS. Breast Cancer Res Treat. 2018;171(3):777-781.

49- Wong SM, King T, Boileau JF, Barry WT, Golshan M. PopulationBased Analysis of Breast Cancer Incidence and Survival Outcomes in Women Diagnosed with Lobular Carcinoma In Situ. Ann Surg Oncol. 2017 ; 24(9):2509-2517.

50- Masannat YA, Husain E, Roylance R, et al. Pleomorphic LCIS what do we know ? A UK multicenter audit of pleomorphic lobular carcinoma in situ. Breast. 2018 ; 38:120-124.

51- Dyrstad SW, Yan Y, Fowler AM, Colditz GA. Breast cancer risk associated with benign breast disease : systematic review and metaanalysis. Breast Cancer Res Treat. 2015 ; 149(3):569-575.

52- Hartmann LC, Degnim AC, Santen RJ, Dupont WD, Ghosh K. Hyperplasie atypique du sein - évaluation du risque et options de gestion. N Engl J Med. 2015 ; 372(1):78-89.

53- Mazzola E, Coopey SB, Griffin M, et al. Reassessing risk models for atypical hyperplasia : age may not matter. Breast Cancer Res Treat. 2017 ; 165(2):285-291.

54- Bertrand KA, Tamimi RM, Scott CG, et al. Mammographic density and risk of breast cancer by age and tumor characteristics. Breast Cancer Res. 2013 ; 15(6):R104.

55-Boyd NF, Guo H, Martin LJ, et al. Mammographic density and the risk and detection of breast cancer. N Engl J Med. 2007 ; 356(3):227-236.

56- Sprague BL, Gangnon RE, Burt V, et al. Prevalence of mammographically dense breasts in the United States. J Natl Cancer Inst. 2014 ; 106(10).

57- Huo CW, Chew GL, Britt KL, et al. Mammographic density-a review on the current understanding of its association with breast cancer. Breast Cancer Res Treat. 2014 ; 144(3):479-502.

58- Groupe de collaboration sur les facteurs hormonaux dans le cancer du sein. Breast cancer and breastfeeding : collaborative reanalysis of individual data from 47 epidemiological studies in 30 countries, including 50302 women with breast cancer and 96973 women without the disease. Lancet. 2002 ; 360(9328):187-195.

59-Ma H, Ursin G, Xu X, et al. Reproductive factors and the risk of triple-negative breast cancer in white women and African-American women : a pooled analysis. Breast Cancer Res. 2017 ; 19(1):6.

60- Faupel-Badger JM, Arcaro KF, Balkam JJ, et al. Postpartum remodeling, lactation, and breast cancer risk : summary of a National Cancer Institute-sponsored workshop. J Natl Cancer Inst. 2013 ; 105(3):166-174.

61- Islami F, Liu Y, Jemal A, et al. Breastfeeding and breast cancer risk by receptor status - a systematic review and meta-analysis. Ann Oncol. 2015 ; 26(12):2398-2407.

62- Morch LS, Skovlund CW, Hannaford PC, Iversen L, Fielding S, Lidegaard O. Contemporary Hormonal Contraception and the Risk of Breast Cancer. N Engl J Med. 2017 ; 377(23):2228-2239.

63- Bassuk SS, Manson JE. Contraceptifs oraux et traitement hormonal de la ménopause : risques relatifs et attribuables de maladies cardiovasculaires, de cancers et d'autres problèmes de santé. Ann Epidemiol. 2015 ; 25(3):193-200.

64-Westhoff CL, Pike MC. Hormonal contraception and breast cancer. Am J Obstet Gynecol. 2018; 219(2):169.e161-169.e164.

65- Ellingjord-Dale M, Vos L, Tretli S, Hofvind S, Dos-Santos-Silva I, Ursin G. Parité, hormones et sous-types de cancer du sein - résultats d'une vaste étude cas-témoins imbriquée dans un programme national de dépistage. Breast Cancer Res. 2017 ; 19(1):10.

66- Soini T, Hurskainen R, Grenman S, Maenpaa J, Paavonen J, Pukkala E. Cancer risk in women using the levonorgestrel-releasing intrauterine system in Finland. Obstet Gynecol. 2014 ; 124(2 Pt 1):292- 299.

67-Dinger J, Bardenheuer K, Minh TD. Levonorgestrel-releasing and copper intrauterine devices and the risk of breast cancer (Dispositifs intra-utérins à libération de lévonorgestrel et en cuivre et risque de cancer du sein). Contraception. 2011;83(3):211-217.

68- Li CI, Beaber EF, Tang MT, Porter PL, Daling JR, Malone KE. Effet de l'acétate de dépo-médroxyprogestérone sur le risque de cancer du sein chez les femmes âgées de 20 à 44 ans. Cancer Res. 2012 ; 72(8):2028-2035.

69- Li K, Anderson G, Viallon V, et al. Risk prediction for estrogen receptor-specific breast cancers in two large prospective cohorts. Breast Cancer Res. 2018 ; 20(1):147.

70- Chlebowski RT, Manson JE, Anderson GL, et al. Estrogen plus progestin and breast cancer incidence and mortality in the Women's Health Initiative Observational Study. J Natl Cancer Inst. 2013 ; 105(8):526-535.

71-Nelson HD, Fu R, Zakher B, Pappas M, McDonagh M. Medication Use for the Risk Reduction of Primary Breast Cancer in Women : Updated Evidence Report and Systematic Review for the US Preventive Services Task Force. JAMA. 2019 ; 322 : 868-886.

72- Owens DK, Davidson KW, Krist AH, et al. Medication Use to Reduce Risk of Breast Cancer : US Preventive Services Task Force Recommendation Statement. JAMA. 2019 ; 322 : 857-867.

73- Ludwig KK, Neuner J, Butler A, Geurts JL, Kong AL. Réduction du risque et bénéfice de survie de la chirurgie prophylactique chez les porteurs de mutation BRCA, une revue systématique. Amer J Surg. 2016 ; 212(4):660-669.

74- Kotsopoulos J. BRCA Mutations and Breast Cancer Prevention. Cancers. 2018 ; 10:12.

75- Oeffinger KC, Fontham ET, Etzioni R, et al. Breast Cancer Screening for Women at Average Risk : 2015 Guideline Update From the American Cancer Society. JAMA. 2015 ; 314(15):1599-1614.

76- Souza FH, Wendland EM, Rosa MI, Polanczyk CA. La mammographie numérique plein champ est-elle plus précise que la mammographie sur film dans le dépistage de l'ensemble de la population ? A systematic review and meta-analysis. Breast. 2013 ; 22(3):217-22

77-Shaw C, Mortimer P, Judd PA. Randomized controlled trial comparing a low-fat diet with a weight-reduction diet in breast cancer-related lymphedema. Cancer. 2007 ; 109(10):1949-1956.

78- Early Breast Cancer Trialists' Collaborative Group, Darby S, McGale P, et al. Effect of radiotherapy after breast-conserving surgery on 10-year recurrence and 15-year breast cancer death : meta-analysis of individual patient data for 10,801 women in 17 randomised trials. Lancet. 2011;378(9804):1707-1716.

79-Hughes KS, Schnaper LA, Berry D, et al. Lumpectomie plus tamoxifène avec ou sans irradiation chez les femmes de 70 ans ou plus atteintes d'un cancer du sein précoce. N Engl J Med. 2004 ; 351(10):971-977.

80- Hickey BE, James ML, Lehman M, et al. Fraction size in radiation therapy for breast conservation in early breast cancer. Cochrane Database Syst Rev. 2016 ; 7:CD003860.

81- Cortazar P, Zhang L, Untch M, et al. Pathological complete response and long-term clinical benefit in breast cancer : the CTNeoBC pooled analysis. Lancet. 2014 ; 384(9938):164-172.

82- Sparano JA, Gray RJ, Makower DF, et al. Adjuvant Chemotherapy Guided by a 21-Gene Expression Assay in Breast Cancer. N Engl J Med. 2018 ; 379(2):111-121.

83- Murphy BL, Day CN, Hoskin TL, Habermann EB, Boughey JC. Neoadjuvant Chemotherapy Use in Breast Cancer is Greatest in Excellent Responders : Triple-Negative and HER2+ Subtypes. Ann Surg Oncol. 2018 ; 25(8):2241-2248.

84- Early Breast Cancer Trialists' Collaborative G. Long-term outcomes for neoadjuvant versus adjuvant chemotherapy in early breast cancer : meta-analysis of individual patient data from ten randomised trials. Lancet Oncol. 2018 ; 19(1):27-39.

85-von Minckwitz G, Huang CS, Mano MS, et al. Trastuzumab Emtansine for Residual Invasive HER2-Positive Breast Cancer. N Engl J Med. 2019 ; 380(7):617-628.

86- Masuda N, Lee SJ, Ohtani S, et al. Adjuvant Capecitabine for Breast Cancer after Preoperative Chemotherapy. N Engl J Med. 2017 ; 376(22):2147-2159.

87- Burstein HJ, Lacchetti C, Anderson H, et al. Adjuvant Endocrine Therapy for Women With Hormone Receptor-Positive Breast Cancer : ASCO Clinical Practice Guideline Focused Update. J Clin Oncol. 2019 ; 37(5):423-438.

88-Wheeler SB, Spencer J, Pinheiro LC, et al. Endocrine Therapy Nonadherence and Discontinuation in Black and White Women (Nonobservance et abandon de la thérapie endocrinienne chez les femmes noires et blanches). J Natl Cancer Inst. 2019 ; 111(5):498-508.

89- Farias AJ, Du XL. Association entre les coûts directs, la race/l'ethnie et l'adhésion à la thérapie endocrinienne adjuvante chez les patientes de Medicare atteintes d'un cancer du sein. J Clin Oncol.m 2017 ; 35(1):86-95.

90- Schmid P, Adams S, Rugo HS, et al. Atezolizumab and NabPaclitaxel in Advanced Triple-Negative Breast Cancer. N Engl J Med. 2018 ; 379(22):2108-2121.

91-Comité mixte **américain** sur le cancer. Sein. In : Manuel de stadification du cancer de l'AJCC. 8e édition. New York, NY : Springer ; 2017:589.

92-Curigliano G. Cancer du sein inflammatoire et maladie de la paroi thoracique : The oncologistn perspective. Eur J Surg Oncol. 2018 Aug ; 44(8):1142-1147.

93-Hennessy BT, Gonzalez-Angulo AM, Hortobagyi GN, et al. Disease-free and overall survival after pathologic complete disease remission of cytologically proven inflammatory breast carcinoma axillary lymph node metastases after primary systemic chemotherapy. Cancer. 2006 ; 106:10001006.

94-Henry NL, Shah PD, Haider I, Freer PE, Jagsi R, Sabel MS. Chapitre 88 : Cancer du sein. In : Niederhuber JE, Armitage JO, Doroshow JH, Kastan MB, Tepper JE, eds. Abeloff's Clinical Oncology. 6th ed. Philadelphie, Pa : Elsevier ; 2020.

95-Howlader N, Noone AM, Krapcho M, Miller D, Brest A, Yu M, Ruhl J, Tatalovich Z, Mariotto A, Lewis DR, Chen HS, Feuer EJ, Cronin KA (eds). SEER Cancer Statistics Review, 1975-2017, National Cancer Institute. Bethesda, MD, https://seer.cancer.gov/csr/1975_2017/, sur la base de la soumission des données SEER de novembre 2019, publiée sur le site web de SEER en avril 2020.

96-Jagsi R, King TA, Lehman C, Morrow M, Harris JR, Burstein HJ. Chapitre 79 : Malignant Tumors of the Breast. In : DeVita VT, Lawrence TS, Lawrence TS, Rosenberg SA, eds. DeVita, Hellman, et Rosenberg's

Cancer : Principles and Practice of Oncology. 11e édition. Philadelphie, Pa : Lippincott Williams & Wilkins ; 2019.

97-Menta A, Fouad TM, Lucci A, Le-Petross H, Stauder MC, Woodward WA, Ueno NT, Lim B. Inflammatory Breast Cancer : Ce qu'il faut savoir sur ce cancer du sein unique et agressif. Surg Clin North Am. 2018 Aug ; 98(4):787-800.

98-Institut **national du** cancer. Cancer du sein inflammatoire. 2016. Consulté à l'adresse https://www.cancer.gov/types/breast/ibc-fact-sheet le 30 août 2021.

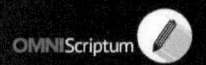

Printed by Books on Demand GmbH, Norderstedt / Germany